AUTOESTIMA COMO HÁBITO

GISLENE ISQUIERDO
AUTOESTIMA COMO HÁBITO

Um guia da Psicologia Aplicada para sua autoestima e seus relacionamentos

PAIDÓS

Copyright © Gislene Isquierdo, 2020
Copyright © Editora Planeta do Brasil, 2020
Todos os direitos reservados.

Preparação: departamento editorial da Editora Planeta do Brasil
Revisão: Laura Vecchioli e Bárbara Parente
Diagramação: Maria Beatriz Rosa
Ilustrações de miolo: Rosangela Andreia Bersch
Capa e ilustração de capa: Helena Hennemann / Foresti Design

Dados Internacionais de Catalogação na Publicação (CIP)
Angélica Ilacqua CRB-8/7057

Isquierdo, Gislene
   Autoestima como hábito: um guia da Psicologia Aplicada para sua autoestima e seus relacionamentos / Gislene Isquierdo. – São Paulo: Planeta, 2020.
   256 p.

ISBN 978-65-5535-158-3

1. Não ficção 2. Relacionamentos 3. Autoconhecimento I. Título

20-2714   CDD 158.1

Índices para catálogo sistemático:
1. Autoestima

2020
Todos os direitos desta edição reservados à
EDITORA PLANETA DO BRASIL LTDA.
Rua Bela Cintra, 986, 4º andar – Consolação
São Paulo – SP CEP 01415-002
www.planetadelivros.com.br
faleconosco@editoraplaneta.com.br

Carta ao leitor...

Meu amado, sim, eu posso dizer que te amo… posso afirmar quão especial você é. Se está aqui comigo, compartilhando o que há de mais precioso na sua vida, o seu tempo, eu posso dizer que te amo!

Quero te contar que a minha coragem de me expor, ou, como eu gosto de dizer, de "dar a cara ao sol" (e não como algumas pessoas falam, "dar a cara a tapa"), fez com que os conhecimentos da psicologia, e mais recentemente também os da neurociência, chegassem a milhões de pessoas.

Hoje, no exato momento em que escrevo este livro, mais de 2 milhões de pessoas foram impactadas de alguma forma pelo conteúdo que eu publico na internet. E isso só foi possível porque um dia eu tomei a grande decisão de dar um basta na minha baixa autoestima, decidi cuidar das minhas emoções e viver a minha melhor versão!

E hoje é o seu dia de tomar a grande decisão! A decisão de dizer basta a qualquer tipo de autossabotagem e de cuidar das suas emoções. A decisão de viver a sua melhor versão!

Vem comigo nessa jornada!
Vamos juntos!

Gislene Isquierdo

	Introdução	9
1.	**COMO A AUTOESTIMA É FORMADA E POR QUE É TÃO IMPORTANTE**	**17**
	1. Autoestima e amor-próprio: por que são tão importantes?	18
	2. Como a autoestima é formada	23
	3. O preço da baixa autoestima	30
2.	**O QUE ESTÁ POR TRÁS DO QUE EU VEJO**	**39**
	4. Entendendo o comportamento do ser humano	40
	5. O abismo entre amar, ser amado e sentir-se amado	53
3.	**O QUE DESTRÓI E O QUE IMPULSIONA A AUTOESTIMA**	**67**
	6. Destruidores da sua autoestima	68
	7. Destruidores da autoestima de outra pessoa	92
	8. Impulsionadores da autoestima	113
4.	**AUTOESTIMA E RELACIONAMENTOS**	**163**
	9. Infância, autoestima baixa e carência	164
	10. Autoestima e as redes sociais	174
	11. Como ter um efeito UAU nos seus relacionamentos	178
5.	**TÉCNICAS DA PSICOLOGIA PARA TE AJUDAR A VIVER A SUA MELHOR VERSÃO E TER UMA VIDA UAU**	**205**
	12. Técnica "Forças UAU – Elevando a autoestima"	206
	13. Técnica do "Elogio UAU"	216
	14. Como corrigir uma pessoa sem magoar	227
	15. Construir e viver uma vida extraordinária	237
	16. Conclusão – O método Minha Melhor Versão	247
	Agradecimentos	253

Nos casos relatados neste livro, os nomes foram modificados e algumas informações adaptadas para manter o sigilo.

Introdução

UAU!

Seja bem-vindo a este livro!

Primeiramente, parabéns por ter tomado a decisão de evoluir, de cuidar de você e, consequentemente, cuidar de quem você ama, pois a sua autoestima gera um impacto direto na vida das pessoas ao seu redor!

Neste livro você encontrará mais do que meras dicas para elevar a autoestima, encontrará um conteúdo com embasamento científico na psicologia, validado por uma profissional com décadas de atuação na área de desenvolvimento humano.

Eu ingressei na faculdade de Psicologia, na Universidade Estadual de Londrina (PR), em 1997; e me formei em fevereiro de 2002. Desde então não parei de estudar sobre o ser humano e como ele funciona.

Neste livro, além de muitos conceitos e teorias, você encontrará várias atividades práticas para fazer, afinal os resultados só surgirão quando você transformar as informações em ações!

Por isso, abra-se para o que você vai ler e permita-se vivenciar essa experiência de transformação! Isso mesmo, vivenciar. Vivenciar uma vida mais plena, vivenciar o amor-próprio, vivenciar melhores relacionamentos, começando por um melhor relacionamento com você mesmo! Vivenciar uma vida extraordinária!

Eu acredito que você nasceu para ser feliz e para ter uma vida de sucesso, e não uma vida mediana... Eu acredito que você nasceu para viver intensamente e não somente para sobreviver, como eu ouço muitas pessoas falarem.

E, para começar, quero te levar a refletir:

Se eu desse para você, hoje, o termômetro da autoestima, quanto ele marcaria? Pensando que a "temperatura" pode ser negativa ou positiva...

De -10 a +10, como está sua autoestima hoje?

Comece seu processo de desenvolvimento percebendo como você está neste momento.

Responda à pergunta e seja verdadeiro com você mesmo!

Respondeu?

Então vamos para a segunda pergunta:

Para viver uma vida extraordinária, como você acredita que deve estar a sua autoestima baseando-se no termômetro de -10 a +10?

Agora que você já parou para analisar como você está hoje e como deseja estar, quero compartilhar três pontos superimportantes:

1. Informação

Como eu disse anteriormente, neste livro vou compartilhar conteúdos da psicologia e da neurociência. Mas não será somente isso que fará a grande diferença na sua vida, e sim a ação que será tomada depois de cada aprendizado adquirido. Por isso, ao fim de cada capítulo, você terá a oportunidade de escrever e compartilhar quais foram seus aprendizados. Além disso, também irei te convidar a responder: "Depois do que você aprendeu, quais serão as suas ações?".

Sim, ações, comportamentos e atitudes que te levarão a viver novas emoções, novos resultados e uma nova vida!

É necessário ter ações, porque o que vou compartilhar com você não é nada mágico que, de repente, com um simples, único e rápido pensamento, como num "pirlimpimpim", tudo mudará. **O que vou compartilhar é CIÊNCIA. E ciência, para funcionar, precisa ser aplicada.**

2. Consistência

Se você entrar em ação com os novos hábitos e as novas atitudes, porém não alcançar a consistência, não vai adiantar de muita coisa; pois poderá até melhorar um pouquinho, mas logo voltará a ter os mesmos resultados de antes, ou pior, poderá ter resultados ainda mais negativos.

Por que isso acontece?

Porque a única forma de mudarmos os nossos resultados, ou de alcançarmos resultados positivos em nossa vida, é se nós tivermos os comportamentos, as ações e as atitudes que nos conduzem até esses resultados. A única forma de você ter resultados extraordinários, de ter uma vida UAU, é agindo em busca desse objetivo. Ah! Ações com consistência!

Consistência é a palavra de ordem, sem a qual você terá um efeito sanfona. Você já deve ter ouvido falar em "efeito sanfona", por exemplo, quando uma pessoa emagrece e engorda repetidas vezes. Já viu isso? Pois é, esse efeito não acontece somente no corpo, ele pode acontecer na vida como um todo.

Funciona assim: você muda os seus comportamentos e isso melhora os resultados, mas logo volta ao jeito velho de fazer as coisas, e por não ter consistência nas suas ações, os seus resultados voltam a ficar ruins, negativos ou até mesmo piores do que eram antes. É provável que você se sinta ainda mais frustrado, chateado e decepcionado com você mesmo.

Agora, se você está lendo este livro, sei que não quer o efeito sanfona em sua vida, sei que você quer ter uma vida melhor, quer confiar mais em si, quer se sentir bem e quer ter pessoas incríveis ao seu redor. Eu sei que você quer ter uma vida UAU! Por isso vou revelar por que é tão difícil ter consistência, ou mantê-la. Vou te contar o motivo que está por trás de tudo isso.

E o motivo é o ponto número três...

3. Decisão

Eu me recordo a primeira vez que ouvi falar sobre o poder da decisão. Eu estava em um curso nos Estados Unidos, e o treinador disse o seguinte: "São as nossas decisões, e não as nossas condições, que determinam a nossa vida". Essa frase me marcou muito. E, logo após citar essa frase, ele contou a história de uma amiga:

Imagina uma menina negra que nasceu nos Estados Unidos, no ano de 1954 (em plena época na qual o racismo era muito grande)... Imagina que sua mãe tinha apenas 13 anos e seu pai simplesmente a abandonou.

Como a mãe dessa garotinha não tinha condições de criá-la, deu a criança para que sua avó a criasse.

Qual futuro você imagina que essa menina teria?

Um futuro brilhante ou um futuro normal? Um futuro triste e cheio de traumas?

A avó que cuidava da garotinha tinha uma vida muito corrida, e nunca percebeu que essa criança, até completar seus 13 anos, já havia sido abusada sexualmente diversas vezes. E pior, abusada sexualmente por seus familiares, pelas pessoas que deveriam cuidar dela, protegê-la e amá-la...

Volto a perguntar, qual futuro você imagina que essa menina teria?

Um futuro feliz ou triste, cheio de traumas?

Essa menina, agora com seus 13 anos, se depara com uma gravidez. E depois de muito pensar se abortaria ou não, ela decide ter o bebê.

Era como se ela estivesse repetindo a história da própria mãe. Uma menina pobre, grávida e sozinha...

E eu volto a perguntar... como você diria que seria o futuro dessa menina?

Agora, e se eu te disser que o bebê dessa menina nasceu morto?

Como você diria que seria o futuro dela?

Para resumir, vou revelar que essa é a história da Oprah Winfrey, uma das mulheres mais influentes e ricas do mundo.

Pode ser que você esteja se perguntando: "Está bem, Gi, mas o que isso tudo tem a ver comigo?".

Quero mostrar que não são as suas *condições* que determinam a sua vida, mas sim as suas *decisões*. Não importa como foi o seu passado, quais foram as suas dores, os seus traumas, os abusos físicos ou emocionais que sofreu, o que importa é o que você decidiu fazer a partir de hoje.

Por isso, de coração e com muito amor e respeito, te digo que, com este livro, quero mais do que trazer informação, quero te convidar a tomar a decisão de construir a vida que você almeja, a autoestima, o amor-próprio, os relacionamentos que você deseja...

Vou trazer muita informação? Sim, vou! Mas quero te convidar a transformar essa informação em ação e de tomar uma grande DECISÃO: a decisão não de ter uma vida normal, mas sim uma vida UAU!

Antes de avançarmos, quero te perguntar: qual ou quais foram seus aprendizados até este momento? Anote abaixo:

....
....
....
....
....
....
....

Caso você não tenha anotado quais foram seus aprendizados, quero te contar sobre como ter aprendizados duradouros e sobre como criamos nossas memórias.

Há um grande pesquisador da neurociência com foco no estudo da memória chamado Ivan Izquierdo (talvez, quem saiba, ele até seja meu parente).

Izquierdo diz que nosso cérebro tem a arte de esquecer algumas coisas, é como se a nossa mente (consciente ou inconsciente) estivesse o tempo todo escolhendo o que deve ou não ser lembrado. Pense em todas as experiências que você já teve na vida: aulas, vídeos, conversas, relacionamentos, coisas que viu, ouviu, sentiu, enfim; imagina como seria se você se lembrasse de tudo! Você não conseguiria viver direito com o tanto de informação que estaria armazenado no seu cérebro. Sim, é preciso esquecer algumas coisas; por outro lado, há coisas que deveríamos nos lembrar e que acabamos nos esquecendo.

Eu sei que, muito provavelmente, você não se lembrará de tudo o que está lendo neste instante e o que ainda irá ler neste livro, mas há partes que são fundamentais; há partes que *neste momento* chamam mais sua atenção por algum motivo. Como eu disse: *neste momento*, ou seja, para o que você está vivenciando agora, e talvez, quando você voltar a ler este livro daqui a um ano, outras partes irão chamar sua atenção, partes que hoje não brilham aos seus olhos, que não soam forte e não te tocam de maneira profunda.

E uma das diversas formas que seu cérebro tem de criar memórias e de reter a informação por mais tempo é com anotações; por isso, eu insisto, se você não respondeu por escrito, volte ao espaço anterior e anote!

E se quiser compartilhar comigo quais foram seus aprendizados, ficarei muito feliz!
Compartilhou? Então, bora começar o seu processo de desenvolvimento!

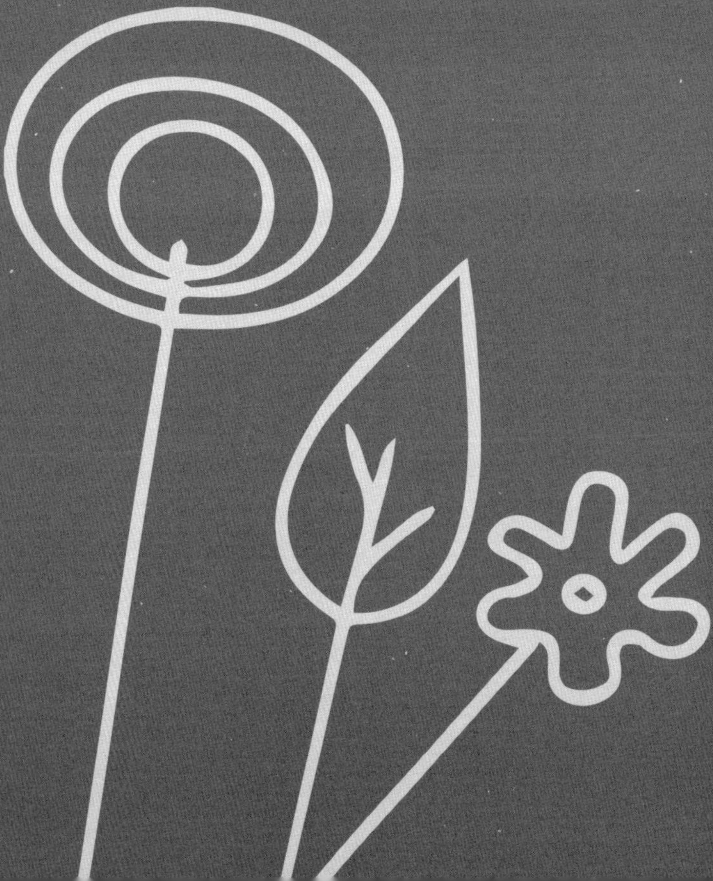

PARTE 1

COMO A AUTOESTIMA É FORMADA E POR QUE É TÃO IMPORTANTE

Se você quer ser feliz ou ser ainda mais feliz do que já é, se você quer ter relacionamentos felizes, se você quer viver bem e ter sucesso na sua vida pessoal e profissional, então precisa entender como a autoestima é formada e por que ela é tão importante. Lembre-se, este livro não tem a missão de apenas dar a informação sobre o tema, mas também de compartilhar ações mais eficazes para que você possa utilizar todo esse conhecimento a favor da sua vida e dividi-lo com as pessoas que você ama e quer bem!

CAPÍTULO 1

Autoestima e amor-próprio: por que são tão importantes?

Afinal, por que é tão importante ter autoestima? Por que é tão importante ter amor-próprio? Será que precisa realmente ser amor? Será que um simples "Ah! Eu até que gosto de mim" não é o suficiente?

E a resposta é muito simples: autoestima e amor-próprio são MUITO importantes porque influenciam em todas as áreas da vida. Se você não está bem consigo mesmo, sua carreira, seus relacionamentos e sua vida como um todo não vão para a frente, ou até vão, mas será um processo mais lento, e acabará gerando sofrimentos e desgastes desnecessários. A sensação que se tem é de que tudo fica mais complicado, mais difícil. Como uma barreira invisível que te impossibilita de alcançar seus objetivos com plenitude.

Segundo a psicologia, quem não tem amor-próprio e autoestima está emocionalmente fragilizado, ou até mesmo emocionalmente doente.

A minha pergunta é:

Você gosta de estar na sua própria companhia? Você se ama?

Autoestima é o quanto você se gosta, é o valor que você se dá, é o quanto você se ama. Pode ser que algumas vezes ela seja confundida com autoimagem, autoeficácia, autoconfiança – nos próximos capítulos irei falar sobre isso –, mas autoestima nada mais é do que o valor que você atribui a si mesmo.

Pense em algo material que, em sua opinião, tem muito valor. Pensou? Esse valor é a estima que você tem por esse objeto. O mais louco disso tudo é que, de repente, o objeto que você pensou e que para você é supervalioso, na opinião de outra pessoa pode ser algo normal.

Vou te dar um exemplo simples: meu filho mais velho, Gabriel, apesar de ter sido planejado e esperado, nasceu em uma fase na qual eu e meu esposo estávamos em uma situação financeiramente delicada, sem grandes recursos. E o primeiro brinquedo que o Gab ganhou de nós foi um coelho de pelúcia, o qual eu tenho até hoje. Para mim, Gislene Isquierdo, essa pelúcia é muito valiosa.

O Gabriel, hoje, não é mais uma criança, e ao longo da sua vida muitos brinquedos foram comprados e ganhados. Hoje, quase todos os seus brinquedos já foram doados, mas o coelho, esse eu nunca deixei doar.

O que torna essa história interessante é que o Gab nem liga para o coelho, inclusive a pelúcia fica no meu quarto e não no dele. Mas, apesar de ele não ligar, eu ligo muito. Para o meu filho esse coelho não é valioso, ele já teria, com certeza, doado há muito tempo. Ele não estima o coelho, já estimou um dia, mas hoje não mais. No entanto, eu, ah... eu estimo muito!

Talvez você também tenha algum objeto que é estimado, que tenha valor pra você, mas que para outra pessoa é só um objeto qualquer.

Guarde isto: **O que é estimado por mim, pode não ser pelo outro.**

O sinônimo de estima é querer bem, é afeto, ternura, carinho, amor, respeito, admiração, apreciação. E isso é extremamente pessoal.

Anteriormente, dei o exemplo do objeto, agora vamos ao exemplo de uma pessoa. Pense em alguém com quem você convive ou já conviveu e que, em sua opinião, tem muito valor.

Pensou?

Como você já sabe, esse valor é a estima que você tem por essa pessoa, e o mais intrigante é que, de repente, essa pessoa que você recordou e que é supervaliosa para você, na opinião de outra pode ser alguém absolutamente normal, ou até mesmo irrelevante.

Mais uma vez, o que é estimado por você, pode não ser pelo outro. E essa premissa vale para a sua autoestima: você pode ter a autoestima baixa, pode não se dar valor, não perceber a sua importância, mas você pode ser muito estimado por outra pessoa. Mais para a frente falaremos mais profundamente sobre isso.

Agora, por que é tão importante ter uma autoestima elevada?

Bem, antes de responder, quero dizer que ter uma autoestima elevada não tem NADA a ver com ser arrogante, egoísta, metido... não tem nada a ver em ser aquela pessoa esnobe, que destrata as demais. Na verdade, quem tem a autoestima elevada faz de tudo para também elevar a autoestima das pessoas ao seu redor, para mostrar que elas também têm valor. E ao contrário do que se imagina, aquela que destrata os outros, que tem uma postura arrogante, agressiva, na verdade essa pessoa tem a autoestima soterrada de tão baixa, e acaba fazendo isso para que ninguém perceba suas inseguranças. Enfim, vamos à resposta, por que é tão importante ter a autoestima nas alturas?

É importante porque a autoestima influencia na escolha dos seus amigos, na escolha das pessoas com quem você aceita conviver e se relacionar, influencia se você é ou não uma pessoa seletiva em suas escolhas; influencia no seu relacionamento amoroso, se é uma pessoa seletiva ou se acha que merece um relacionamento qualquer.

A autoestima influencia na maneira como você se comunica com os outros; se você fala a sua opinião de forma assertiva ou não. A comunicação agressiva e arrogante esconde uma baixa autoestima... Influencia se você consegue expressar suas ideias e seus sentimentos, ou se você se cala e se esconde, se você varre os sentimentos para debaixo do tapete, se "engole sapos" e tem uma comunicação passiva.

A autoestima influencia na sua produtividade, no quanto você tem energia vital para realizar o que precisa ser feito; se você tem resultados com os quais se sente satisfeito ou insatisfeito, realizado ou frustrado. Influencia se você vai em busca de crescimento e desenvolvimento, se fica estagnado, ou, pior ainda, se regride.

Sim, a autoestima está na base do "eu" e está ligada a várias áreas de nossas vidas. ♡

Em quais áreas da sua vida você percebe que a sua autoestima tem influenciado? Essa influência tem sido positiva ou negativa?

....
....
....
....
....
....

Lembre-se:

- ♡ autoestima é o quanto você se gosta, é o valor que você se dá, é o quanto você se ama;
- ♡ a autoestima influencia em todas as áreas da sua vida;

- ♡ o sinônimo de estima é querer bem, é afeto, ternura, carinho, amor, respeito, admiração, apreciação... e isso é extremamente pessoal;
- ♡ o que é estimado por mim, pode não ser pelo outro;
- ♡ autoestima elevada não tem NADA a ver com ser arrogante, egoísta. Quem tem esse tipo de postura tem a autoestima soterrada.

Agora chegou o momento de você fixar seus aprendizados! Responda à pergunta: quais foram seus aprendizados neste capítulo?

....
....
....
....
....

E com todo esse aprendizado, a partir de hoje, quais ações e comportamentos você pode ter para elevar a sua autoestima e, por que não, também elevar a autoestima das pessoas ao seu redor?

Anote aqui, quais serão as suas ações:

....
....
....
....
....

Caso queira compartilhar comigo quais foram os seus aprendizados, eu ficarei muito feliz!

CAPÍTULO 2

Como a autoestima é formada

Para falar sobre como a autoestima de uma pessoa é formada, primeiro vou contar uma breve e verídica história…

Era uma vez uma menina loira de olhos azuis, filha mais nova de um casal com quatro filhos. Ela era o que os outros chamavam de "a raspa do tacho".
Você já ouviu essa expressão? O que ser a "raspa do tacho" significa pra você?
Para falar a verdade, a garotinha não sabia o que essa expressão queria dizer. Na cabecinha dela era algo meio que "pegou o resto que tinha, e deu nisso", ou seja, não tinha um significado positivo. Ah! E além de ser referida como a "raspa do tacho", seu apelido na família era "Polaca azeda".
Apesar dos apelidos, que ela interpretava como algo que representava suas características negativas, ela era muito bem tratada pelos pais e irmãos. Tinha coleguinhas na rua e na escola e era muito criativa. Mas o que talvez ninguém soubesse é o quanto ela se sentia insegura e inferior e, por isso, qualquer amizade já era o suficiente para ela. O que não queria de jeito nenhum era se sentir sozinha, excluída e não ter amigos.

Essa garotinha adorava brincar de bonecas "estilo Barbie". Digo "estilo" porque as amigas tinham várias Barbies, tinham o carro cor-de-rosa, a casa, o namorado Ken e muito mais. Já a garotinha tinha a Susi, que na sua cabeça era uma boneca inferior à Barbie. Além de não ser Barbie, a boneca Susi que ela ganhara era das irmãs mais velhas e foi repassada para ela.

Qual o problema disso? Nenhum, se não fosse pelo fato de que a opinião das amigas era muito importante pra ela, e praticamente todas as vezes que ia brincar na casa das amigas e via aquele arsenal de bonecas Barbie, ela se deslumbrava e pedia uma emprestada para brincar. As "amigas" diziam: "Claro, te emprestamos, sim!", e ela se enchia de alegria. Só que o detalhe é que emprestavam aquelas que estavam bem descabeladas, sem roupa, sem sapato e, às vezes, sem um braço ou uma perna.

Eu gostaria muito de dizer que essa criança era diferenciada, que ela não se abalava com isso, que ela confiava em si e que sabia se blindar emocionalmente; mas não era bem assim. Com medo de ser excluída e não ser mais chamada para brincar, ela emprestava as suas bonecas Susi para as amigas (que, apesar de repassadas, estavam muito bem cuidadas) e ficava com aquela "meia Barbie". O pior é o que as "amigas", com frequência, cochichavam sobre ela, e o faziam em uma altura que era o suficiente para que a "Polaca azeda" ouvisse tudo: "Ela não é boa o bastante para ter uma Barbie". Depois de todo cochicho, vinham as risadinhas...

Algumas vezes, ao chegar em casa depois de brincar, sua mãe percebia que tinha algo errado e perguntava o que havia acontecido; poucas vezes ela contava tudo, porque se a mãe realmente soubesse o que acontecia, se ficasse sabendo como ela era tratada pelas "amigas", muito provavelmente não a deixaria mais sair para brincar com elas... E para a garotinha, melhor essas amigas do que nenhuma.

Lembra que eu contei que ela tinha medo de ficar sozinha e ser excluída? Pois é. Mas quando ela, enfim, resolveu contar tudo, sua mãe disse: "Minha filha, olhe para você. Você é linda, tem vários brinquedos, é carinhosa, é divertida... você merece amigas melhores".

Talvez você conheça alguém que também tenha passado por situações semelhantes. O ponto é que isso ia machucando o coraçãozinho daquela pequena menina.

Essa menina, "raspa do tacho" e "Polaca azeda", sou eu. E pode parecer uma bobagem, mas carreguei essas lembranças da infância comigo até a faculdade e muitas vezes eu não me sentia boa o bastante. O que eu aprendi com a psicologia, fui aplicando em mim mesma; e ufa... foi dando certo!

Ok, mas o que isso tem a ver com a forma com que a autoestima de uma pessoa é formada? Tudo!

A autoestima de uma pessoa é formada com uma grande influência da autoimagem; e a autoimagem é a forma como a pessoa se vê. Essa forma pode ser autêntica ou não, ela pode ser verdadeira ou distorcida. No caso, a minha era distorcida.

Assim, a pergunta é: como a autoimagem de uma pessoa é formada?

A autoimagem é formada pelos reflexos recebidos ao longo da vida do indivíduo. Esses reflexos podem ser positivos ou negativos.

Vamos analisar.

Quando as amigas riam e diziam:
"Ela não é boa o bastante para ter uma Barbie".
Essa fala gera um reflexo positivo ou negativo na minha autoimagem?
Negativo. E esse reflexo ia diretamente para a minha autoimagem.

E quando minha mãe disse:
"Minha filha, olhe para você. Você é linda, tem vários brinquedos, é carinhosa, é divertida... você merece amigas melhores".
Essa fala gerou um reflexo positivo ou negativo?
Positivo. E também foi direto para a minha autoimagem.

Assim fui formando a minha autoimagem, e dessa maneira é formada a autoimagem de qualquer pessoa: através dos reflexos recebidos ao longo da vida.

Reflexos de qualquer um?

Não, reflexos de pessoas que, de alguma forma, foram ou são importantes para você.

A autoestima de uma pessoa é construída, sim, pela imagem que ela tem de si e é produto dos diversos reflexos que vieram e continuam a vir de muitas origens, como:

♡ o tratamento que recebe das pessoas à sua volta (em especial daquelas que são importantes e significativas);
♡ o nível de realização em áreas que são importantes para ela e o nível de reconhecimento nessas áreas.

Imagina que a sua autoimagem é um álbum de fotografias que as pessoas foram tirando de você ao longo da sua vida. Essas fotos são os reflexos que você recebeu; são, por exemplo, as palavras que foram ditas – como críticas e xingamentos – ou, de repente, palavras que você queria tanto ouvir – como: "você é importante para mim, eu te amo, eu te aprecio, parabéns pelas suas notas" – ...e nunca ouviu. E não somente palavras, mas também gestos: olhares de reprovação, comportamentos abusivos; e tudo isso se transformou em reflexos negativos que você foi colocando no seu álbum.

O mesmo vale para os reflexos positivos.

No decorrer da vida, você foi acumulando esses reflexos e hoje eles estão aí no seu álbum. Alguns desses reflexos são conscientes, você lembra deles com clareza; outros não, porém, de alguma forma, eles influenciaram ou influenciam na maneira como você se vê. Isso quer dizer que esses reflexos que recebeu ao longo da vida, sejam positivos ou negativos, interferem até hoje no seu dia a dia. É este "álbum" que te ajuda a responder a famosa e grande pergunta: "Quem sou eu?".

O detalhe é que a forma como você se vê pode ser autêntica ou não. Isso quer dizer que você pode ser uma pessoa supercompetente, forte, linda, inteligente, mas se ver de uma forma diferente, diminuindo-se.

Eu gosto de comparar isso com a imagem do gatinho e do leão.

Tem pessoas que são leões, fortes, competentes, ousadas, criativas, corajosas, mas que se veem como gatinhos inseguros e indefesos. E, sim, tem aqueles que se acham os "donos da juba" e que, na verdade, fazem isso para esconder a própria vulnerabilidade.

Quanto mais real e autêntica for a sua autoimagem, maior a sua chance de alcançar seus objetivos, e, ao alcançá-los, sentir-se grato, realizado e feliz.

A forma como você se vê impacta diretamente no valor que você se dá, ou seja, sua autoimagem impacta direta e profundamente na sua autoestima.

Pensando nisso, quero destacar dois pontos:

1. Não tem como mudar os reflexos que você recebeu no passado. Já foi, já era... Mas você pode mudar a forma com que isso afeta sua vida hoje (nos próximos capítulos trataremos sobre como você pode fazer isso).
2. Lembre-se de que os reflexos que você dá também influenciam diretamente nas pessoas que você ama, principalmente para uma criança ou adolescente. Por esse motivo, cuidado com o que você fala ou deixa de falar.

É importante você saber que a autoimagem não é estática, pelo contrário, ela está em constante movimento e isso é ótimo, quer dizer que se hoje você é um leão, mas se vê como um gatinho, isso pode mudar e você passar a se ver como um leão, com seu real valor; não só se ver, mas *ser* um leão!

Lembre-se:

- ♡ a autoestima de uma pessoa é formada pela autoimagem;
- ♡ autoimagem é a forma como a pessoa se vê, e esta pode ser autêntica ou não, pode ser verdadeira ou distorcida;

- a autoimagem é formada pelos reflexos recebidos ao longo da vida do indivíduo, e esses reflexos podem ser positivos ou negativos;
- a autoimagem é como um álbum com fotografias de toda a sua vida tiradas por outras pessoas. Essas fotos são os reflexos que você recebeu;
- a autoimagem não é estática, pelo contrário, ela está em constante movimento e isso é ótimo.

Agora chegou o momento de você tomar consciência e fixar seus aprendizados. Quais foram seus aprendizados neste capítulo? Anote aqui:

....
....
....
....
....

E com todos esses aprendizados, quais ações e novos comportamentos você terá a partir de hoje que vão te ajudar a ter uma autoimagem real e verdadeira e, é claro, positiva?

....
....
....
....
....

Lembre-se de que você pode compartilhar comigo quais foram os seus aprendizados. Eu ficarei imensamente feliz!

CAPÍTULO 3

O preço da baixa autoestima

Como você já aprendeu no capítulo 1, a autoestima impacta em todas as áreas da vida de uma pessoa: pessoal, social e profissional. Impacta até mesmo na vida financeira, na saúde, enfim, em tudo. Afinal, como é possível uma pessoa que não se dá valor ter uma vida que seja UAU? O que acontece em alguns casos é que a pessoa que tem a autoestima baixa nem deseja ter uma vida UAU, afinal, ela acredita que uma vida normal, uma vida que não esteja ruim, já está bom pra ela.

Mas por que isso acontece?

Lembra que eu escrevi, no capítulo anterior, que a autoestima está ligada à autoimagem e que esta foi formada pelos reflexos recebidos ao longo da vida? Então, se ao longo da sua história você foi construindo a ideia de que uma vida que não é ruim, ou seja, uma vida sem grandes brigas, sem miséria financeira e emocional, já é uma vida "boa"... Imagina... Uma vida UAU não caberia mesmo na sua cabeça.

E essa é uma das consequências de ter a autoestima baixa: você se contenta com pouco. Quero destacar que se contentar com pouco não é, de forma alguma, não ser grato pelo que você já tem – falarei mais sobre a gratidão no capítulo 8. Pensando nisso, lembrei-me da história de uma cliente minha. Mas, para manter o sigilo da cliente, não irei revelar seu nome verdadeiro e detalhes da história.

A Catarina tem 24 anos, é casada, sem filhos e independente financeiramente.

Imagina uma mulher com uma carreira profissional superbem consolidada, que é referência na sua área e que passa uma imagem de alegria, diversão, alto astral, criatividade... Imaginou?

Essa mulher amava seu trabalho, tinha a carreira dos seus sonhos e seu esposo trabalhava com ela; ele era seu braço direito. No trabalho, era ela quem aparecia e brilhava, e ele era quem cuidava de todos os bastidores.

Eles formavam uma dupla que, para quem via de fora, dava muito certo. Nas redes sociais mostravam suas viagens, brincadeiras, diversão, companheirismo. Entretanto, quando nada estava sendo postado nas redes sociais, quando os dois ficavam sozinhos, ela sofria um relacionamento abusivo.

Um relacionamento pode ser abusivo de várias formas, o dela era principalmente emocional. Porém ele também a agredia fisicamente – até onde sei e apesar de achar que isso pode ter acontecido algumas vezes, ele não chegava a bater escancaradamente nela, mas a segurava firme pelo braço, empurrava-a, chutava sua perna e batia o cotovelo nela –, sempre com a desculpa de que foi sem querer, claro.

Citei que o abuso era principalmente emocional, pois ele dizia nos bastidores e na frente de algumas poucas pessoas:

"Você não é boa, você se acha boa, mas não é".

"As pessoas nunca vão gostar disso que você fez, mude agora e faça como estou falando."

"Isso que você fez ficou péssimo. Você é uma burra, não sei como estou com você até hoje."

"Um dia você vai chegar em casa e vai ver que eu fui embora e levei o nosso cachorro. Você vai ver, você vai ficar sozinha."

"Nossa, como você tá gorda."

"Você viu a fulana? Nossa! Ela está com um corpão, muito sarada."

"Que merda é essa que você fez?"

"Seu trabalho é um trabalho de lixo. Você não faz nada direito."

Ele sempre usava palavrões quando falava com a esposa, mas editei essa parte para poupá-los. E por aí ia... o pior é que, na cabeça dela, estava tudo bem, isso era normal para um casal.

Lembro-me do dia em que ela me disse na sessão de mentoria:

"Ué, Gi, mas isso não é normal entre um casal?!".

Quando eu perguntei para ela: "Me conta, o que seria ter uma vida incrível pra você?". Ela simplesmente travou. Travou, pois nunca nem tinha pensado nisso. Para ajudar ainda mais no seu processo de desenvolvimento, eu passei como tarefa para ela fazer o meu curso on-line de desenvolvimento pessoal, com foco em autoestima e relacionamento, o curso MMV – Minha Melhor Versão. Depois disso, tudo mudou! No fim deste capítulo, vou compartilhar com você o que ela fez e como está a sua vida atualmente.

Vamos voltar às consequências da baixa autoestima.

Outra consequência, além de se contentar com pouco em um relacionamento amoroso, é se contentar com pouco nos seus relacionamentos sociais, nas amizades, nos relacionamentos profissionais (sim, também tem abuso em amizades e nos relacionamentos profissionais; cuidado).

Quem tem a autoestima baixa tende a engolir muito mais sapo. Em vez de falar o que pensa e sente, guarda, engole. Eu falo para meus alunos do MMV: carne de sapo é indigesta, faz mal... vai engolindo, engolindo, que dá gastrite. A gastrite cresce e vira uma úlcera; continua engolindo, que a úlcera vira uma "ursa" de tão grande. Continua engolindo e a "ursa" vira câncer. Não tem jeito, nossas emoções estão ligadas ao nosso corpo e um influencia o outro, um impacta no outro.

Quando uma pessoa tem a autoestima elevada e sabe o seu valor, ou quando não tem, mas busca se desenvolver e melhorar, ela fala o que pensa e o que sente. E, ao falar, ela respeita o outro, não sai simplesmente "cuspindo vespas" por aí, ela respeita o que sente e, ao falar, respeita o outro como um indivíduo único e que, inclusive, pode pensar diferente dela, ou seja, a sua comunicação é assertiva (falarei mais sobre isso no capítulo 11).

Você se lembra de que no capítulo 1 eu falei que quando uma pessoa tem a autoestima baixa, ela pode ter uma comunicação agressiva e passar a diminuir os outros com o objetivo de disfarçar a própria autoestima baixa? Pois é, essa é outra consequência de quem tem a estima negativa.

Quer mais?

Vou listar uma sequência de 15 fatos que uma pessoa adulta com baixa autoestima (já, já vou falar da criança e do adolescente) pode ter e ou sofrer. Conforme for listando, eu gostaria de te convidar a analisar a sua vida, se alguns desses pontos ocorrem com você; assim você vai identificando onde pode desenvolver e melhorar.

1. Sente-se sozinha.
2. Sente que nunca é boa o bastante.
3. Pensa que o que faz não é nada mais do que a sua obrigação.
4. Sente-se carente e quer, sempre que possível, ter alguém junto.
5. Se está em um relacionamento amoroso, sente-se insegura e muitas vezes tem ciúmes (isso também vale para as amizades).
6. Se está sozinha, acha que ninguém nunca vai gostar dela.
7. Tem medo de ficar sozinha para sempre.
8. Raramente faz o que gosta.
9. Sempre age para agradar os outros.
10. Fica esperando que um dia o outro também faça as coisas por ela.
11. Sente-se inferior perante os demais (inferior perante qualquer característica, como: inteligência, sucesso, beleza etc.).

12. Tem dificuldade de se posicionar e expressar o que pensa e sente.
13. Perde oportunidades profissionais.
14. Tem dificuldade de concentração.
15. Tem baixa produtividade e fraco desempenho.

Alguns dos pontos citados também valem para adolescentes e crianças, mas agora quero destacar 10 relacionados em especial aos adolescentes:

1. Se sujeitam a amizades negativas apenas para não ficar só.
2. Passam horas sozinhos e sem conversar com ninguém.
3. Não têm prazer nenhum em cuidar de si (vaidade).
4. Ou, por outro lado, se cuidam demais e acham que não está bom, que não são bonitos e interessantes.
5. Não expressam o que sentem e, de repente, explodem.
6. Ou não expressam o que sentem e, de repente, ficam doentes.
7. Andam de cabeça baixa.
8. Têm dificuldade de olhar nos olhos dos outros.
9. Choram escondidos com bastante frequência.
10. Fazem de tudo para agradar e ter o reconhecimento das pessoas.

E para uma criança, quais são as consequências?

Antes de entrar neste tópico, desejo destacar que, quando falo sobre a autoestima das crianças, quero chamar atenção especial de quem tem filhos, sobrinhos e/ou trabalha com educação. Se esse é o seu caso, saiba que este conteúdo é essencial.

Os mesmos pontos que citei para os adolescentes valem para as crianças, e vou acrescentar mais 7:

1. Quando tem outras crianças brincando de algo, mesmo que seja uma brincadeira de que elas gostem muito, elas tendem a se isolar.

2. Têm comportamentos agressivos ou são muito choronas.
3. Apresentam falas nas quais buscam *o tempo todo* se autoafirmar, por exemplo: "Eu sou linda, né, mamãe?!".
4. Apresentam falas nas quais buscam *o tempo todo* validação do outro, por exemplo: "Você gostou do que eu fiz, papai?!".
5. Criam defesas para disfarçar sentimentos negativos como a tristeza.
6. Aceitam suas inadequações como sendo características que compõem a sua personalidade e usam palavras autodepreciativas (isso vale para todas as idades e é bem sério, por isso aprofundarei esse comportamento mais para a frente).
7. Vivem no mundo da fantasia *o tempo todo*, afinal viver no mundo da fantasia é muito mais legal do que no mundo real, onde elas são rejeitadas, por exemplo.

Sei que, de repente, ao ler os pontos dos adolescentes e das crianças, você tenha pensado: "Ah, mas isso aqui não vale para adulto também?", e a resposta é: "Sim, vale". Os pontos podem se conectar entre si. O que quero que você tenha clareza é que: quem está com a autoestima baixa sofre. E sofre muito. Muitas vezes, sofre sozinho, calado, e isso pode gerar depressão. Uma pessoa com a autoestima baixa tem a vida prejudicada em várias áreas, e isso impacta na saúde física, mental e emocional. Por isso, no capítulo 8, você vai aprender o que e como fazer para elevar a sua autoestima e também a autoestima das pessoas ao seu redor.

Voltando à história anterior, como te prometi, vou contar o que a Catarina fez e como está sua vida atualmente.

Catarina fez o curso MMV e, em especial, fez o exercício de descrever como seria, para ela, ter uma vida UAU. Com tudo o que aprendeu e foi desenvolvendo no curso e nas sessões de mentoria, ela tomou a grande decisão de cuidar do próprio coração e das próprias emoções (falamos sobre o poder de tomar uma decisão na introdução deste livro).

Tomou a grande decisão de dar um basta em todo abuso que vinha sofrendo havia anos.

Primeiro ela conversou com o esposo e disse que não queria mais viver daquele jeito. Ele, infelizmente, melhorava por dez dias e depois voltava ao seu padrão antigo de se comportar. Ela então conversou com os pais e contou o que estava acontecendo; e tomou outra decisão: a de se separar. Detalhe: tomou a decisão com medo do que o esposo seria capaz de fazer. Medo de ele prejudicar a carreira dela, de fazer escândalo, de sumir com o cachorrinho, de machucá-la fisicamente e de ele se matar.

E hoje, quatro anos depois, ela está em um novo e feliz relacionamento. É amada e respeitada como nunca imaginou ser. E, na medida do possível, tem um relacionamento razoável com seu ex, que não machucou ninguém, não levou o cachorrinho embora nem se matou.

Lembre-se:

- ♡ uma das consequências de ter a autoestima baixa é se contentar com pouco, com uma vida "normal", quando poderia ter uma vida incrível;
- ♡ é importante identificar quais fatos você vivencia hoje que indicam que sua autoestima está baixa, para que assim você possa se desenvolver e melhorar;
- ♡ os pontos ligados à baixa autoestima de um adulto podem ser os mesmos de um adolescente ou de uma criança, por exemplo, aceitar a sua inadequação como sendo uma característica que compõe a sua personalidade e usar palavras autodepreciativas;
- ♡ pessoas com autoestima baixa sofrem muito; às vezes sofrem caladas e isso pode gerar depressão.

Neste instante, gostaria de te convidar a pensar quais foram os seus aprendizados com tudo o que leu neste capítulo. Anote aqui:

....
....
....
....
....
....
....

E quais serão as suas ações?

....
....
....
....
....
....
....

Lembre-se de que você pode compartilhar comigo quais foram os seus aprendizados. Eu ficarei imensamente feliz!

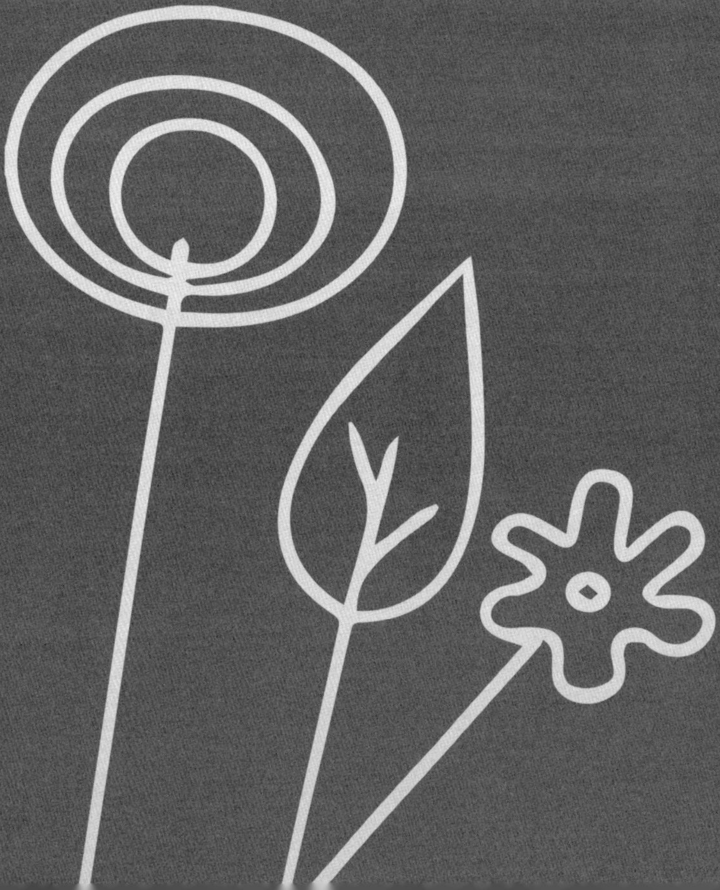

PARTE 2

O QUE ESTÁ POR TRÁS DO QUE EU VEJO

Por trás do comportamento ou do não comportamento de uma pessoa, tem muita coisa. Comportamento no sentido, por exemplo, de dizer ao outro "eu te amo", e não comportamento ao deixar de dizer o que se sente. Todo comportamento tem um motivo, seja ele consciente ou não. Todo comportamento tem uma razão, e quando nós conseguimos entender isso, acontecem duas coisas em especial: a primeira é que você consegue compreender mais sobre si e o outro, e a segunda é que você se torna livre. Livre para tomar suas decisões, livre para dizer "eu não quero mais essa vida, eu quero e decido ter uma vida incrível. Eu mereço ter uma vida UAU e nada menos do que isso". Poder conhecer a si, conhecer o outro e ter liberdade é realmente pra lá de UAU!

CAPÍTULO 4

Entendendo o comportamento do ser humano

Existe um princípio que diz que se uma pessoa (criança, jovem ou adulto) tiver uma autoestima elevada, ela terá sucesso. Mas a pergunta é: por que funciona assim?

Pesquisas apontam que o indivíduo (não importa a idade) que tem a autoestima elevada tem atitudes diferentes consigo e com as outras pessoas.

Você já sabe (e vou repetir mais algumas vezes ao longo deste livro) que a autoestima é o valor que a pessoa se dá, e que não tem nada a ver com arrogância, afinal a autoestima é um sentimento calmo e tranquilo de autorrespeito e autovalorização. Mas por que isso acontece?

Isso acontece porque quando você tem a sua autoestima elevada, você fica satisfeito em ser você mesmo e não se sente inseguro quando percebe algo que precisa ser melhorado ou desenvolvido em si. Por outro lado, a arrogância é a manifestação de uma falsa autoestima, ou seja, de uma autoestima baixa, algumas vezes soterrada de tão baixa.

Vou dar um exemplo.

Imagine duas amigas: Clara e Juliana.

A Clara sabe do seu valor e faz de tudo para tratar a Juliana bem. Sempre que a Clara tem uma oportunidade nova, faz questão de convidar a Juliana para também aproveitá-la. A Juliana, pelo contrário, quando algo novo e incrível acontece com ela, se exibe para a Clara, contando quão sortuda e incrível ela é; e ainda completa a frase dizendo:

"Isso acontece comigo com muita frequência... é que eu já estou pronta e as pessoas reconhecem a profissional que eu sou. Ah! Quem sabe um dia isso também aconteça com você".

A Juliana tem comportamentos de soberba e presunção, pois de alguma forma ela se sente inferior em relação à Clara, e faz tudo isso pra disfarçar a sua baixa autoestima.

Destaco dois pontos desse exemplo:

1. Pode ser que a Juliana não faça ideia que ela faz isso porque, no fundo, ela tem autoestima baixa.
2. A Clara, por ter uma autoestima boa, não perde tempo nem energia tentando impressionar a Juliana, dizendo o quanto ela é boa, afinal ela já sabe o seu valor e não precisa ficar falando isso pra ninguém.

A maneira como a pessoa se sente em relação a si mesma influencia na forma com que trata a si mesma e aos demais ao seu redor, influencia na sua criatividade e no quanto a mostra aos outros; influencia na sua estabilidade, inclusive estabilidade emocional (mais adiante explicarei sobre isso), influencia, inclusive, se a pessoa será um líder ou apenas um seguidor, se aceitará tudo calado, consentindo facilmente, ou se questionará as coisas, sem medo de deixar de ser amado por isso.

O sentimento de valor próprio forma a essência da personalidade de uma pessoa e influencia grandemente se ela souber utilizar as próprias forças e qualidades. Na verdade, a autoestima é o impulso que estimula a pessoa para o sucesso ou para o fracasso como ser humano. E como eu expliquei no capítulo 2 (quando falei sobre a autoimagem e os reflexos positivos e negativos), existe uma grande importância no papel do pai, da mãe, do educador, enfim, de um adulto, na formação da autoestima de uma criança; pois os reflexos que uma criança foi recebendo ao longo da vida vão influenciar na sua autoestima, isto é, vão impactar nesse impulso para o sucesso ou para o fracasso.

Todo educador que realmente se preocupa com o futuro da criança deve ser *fonte de reflexos positivos*, deve ajudá-la a criar uma *crença forte, verdadeira e determinada* em si mesma.

Quero ressaltar dois pontos para você.

O primeiro é que quando eu digo ser *fonte de reflexos positivos* não me refiro a sempre elogiar ou fazer *tudo* que uma criança quer; mas sim pensar em si mesmo como um espelho para a criança, um espelho psicológico que a criança usa para construir a própria identidade.

A criança nasce sem um senso do eu. Esse senso, esse entendimento de quem ela é, vai sendo construído com base nas relações dela; primeiramente pelos sentidos e depois pela linguagem, é assim que a criança vai construindo a percepção sobre si. Primeiramente pelos sentidos, pois antes mesmo de a criança entender o significado das palavras, ela registra impressões sobre si mesma com base na maneira como é tratada. Ela sente se é colocada no colo com carinho ou não, se é alimentada com atenção e amor ou se enquanto é alimentada o adulto faz de tudo para que ela não atrapalhe os demais, ligando, por exemplo, uma tela que a entretenha. Ela sente se o adulto está presente de verdade ou só cumprindo uma tarefa que lhe é obrigatória. Isso tudo faz com que a criança tenha as primeiras noções de se ela é valorizada ou não.

Confesso que me dói o coração quando vejo uma mãe amamentando o seu bebê, e, em vez de viver aquele momento com atenção plena, ela "aproveita" para ficar no celular, rolando uma tela de notícias interminável numa rede social qualquer... A mãe é o mundo do seu bebê, e suas primeiras experiências ensinam a esse bebê se ele merece ou não atenção.

É importante ressaltar aqui que não é uma mensagem isolada ou pouco frequente nem o fato de ter que dar menos atenção para o filho em determinado momento do dia porque você precisava resolver alguma coisa que vai gerar impacto negativo ou positivo; o importante é o número total de mensagens de amor ou de desinteresse, além da intenção da ação. Saiba que as primeiras impressões podem gerar marcas profundas na vida de uma pessoa... talvez, tenha até mesmo gerado na sua.

O segundo ponto que quero ressaltar é, na verdade, para aprofundar as palavras que grifei antes: *crença forte, verdadeira e determinada*.

Crença – quando se acredita com todo o coração, mente, com todo o ser; são as convicções de cada um.

Forte, verdadeira – a pessoa vai ver no que ela é boa, vai saber reconhecer as próprias qualidades e virtudes, seus pontos fortes e se sentir grata, feliz e UAU com isso; ao mesmo tempo em que vai olhar para si e enxergar o que não está bom e, consequentemente, irá se abrir ao desenvolvimento, ao aprimoramento.

Determinada – a pessoa, ao ver que tem pontos que não estão tão bons assim, e que precisa melhorá-los, não vai se sentir inferior; pelo contrário, perceber esses sinais irá instigá-la a entrar em ação para se desenvolver e viver a sua melhor versão.

Para a psicologia, a autoestima está 100% ligada ao autorrespeito. E o autorrespeito está pautado em dois princípios:

1º Eu sou digno de ser amado. Eu mereço ser amado.

2º Eu tenho valor. Sou importante simplesmente pelo fato de que existo e sei que tenho algo a oferecer às outras pessoas.

É muito importante você saber que nós, seres humanos, somos únicos. Você já deve saber que ninguém no mundo jamais teve ou terá uma digital igual a sua. Somos únicos não somente pelo nosso DNA, mas também como ser integral. Uma pessoa pode ter irmãos ou irmãs, criados pelo mesmo pai e mesma mãe, educados pela mesma cultura familiar; de repente essa pessoa pode até ter um irmão gêmeo univitelino, isto é, geneticamente idêntico, mas tenha a certeza de que não terão exatamente a mesma personalidade.

Porém (preste muita atenção agora), toda pessoa tem as mesmas necessidades psicológicas, necessidades de se sentir amada e digna, e a satisfação dessas necessidades é tão importante para sua saúde emocional quanto o oxigênio é para sua sobrevivência física.

Falando sobre isso, me recordo de um grande executivo de uma multinacional que eu atendi em um processo de desenvolvimento de liderança corporativo.

Christian era um homem extremamente inteligente e que tinha uma carreira corporativa sólida e de sucesso. Um profissional de habilidades comerciais fenomenais, ele sabia bem como conquistar e fechar grandes e expressivos negócios nas empresas em que trabalhava. Conhecia e convivia com pessoas muito ricas e influentes. Mas Christian não se relacionava bem com as pessoas que estavam abaixo dele na empresa.

Fui contratada justamente por isso, pra dar um jeito nessa inabilidade de Christian em lidar com as pessoas.

Lembro-me da primeira reunião, antes mesmo de fecharmos o projeto, na qual a gerente de Recursos Humanos me disse:

"O Christian tem três meses para melhorar... se ele não melhorar, a empresa terá que demiti-lo. Nós já tentamos de várias formas antes e nada funcionou... O Christian não percebe que precisa melhorar, ele se acha demais. Apesar disso, é um profissional muito bom, os resultados financeiros que ele traz são incríveis, mas não é o suficiente para mantê-lo nesta empresa. O grande problema é que ele estava superbem na antiga empresa em que trabalhava e nós o tiramos de lá... Ele não estava buscando um novo trabalho, mas nós fizemos uma proposta tão boa, mas tão boa, que ele pediu demissão e veio trabalhar conosco. Nós realmente não gostaríamos de demiti-lo, mas, pra falar a verdade, acho difícil ele mudar".

Saí da reunião muito pensativa. Feliz com o desafio, mas ao mesmo tempo tensa, com uma parte do corpo na mão (e confesso que não era o coração...).

Eu pensava assim: "Se eu não for boa o bastante para fazer o Christian se ajudar, ele vai ser demitido".

Esse pensamento só me deixou mais preocupada e por um momento parei e me questionei: "Eu sei como ajudar o Chris? Sim, eu sei como ajudá-lo. Então, mulher, bora fazer isso".

Repare na minha comunicação interna (se for preciso, releia a frase anterior): eu já havia criado um vínculo com o cliente; ele não era mais "Christian", ele era o "Chris", eu genuinamente me importava com ele, sabia que ele estava sofrendo e que se ele não trabalhasse isso, iria continuar sofrendo... sofrendo nessa empresa ou em outra qualquer.

Não vem ao caso contar como trabalhamos no processo de desenvolvimento do Chris, mas quero frisar que o que o levava a ter todos esses comportamentos disfuncionais com sua equipe era que, no fundo, a sua autoestima era muito baixa. Ele tinha uma comunicação agressiva, diminuía as pessoas e raramente as reconhecia, afinal de contas eram pagos para entregar os resultados.

Logo na primeira sessão ele foi muito presunçoso, tratando-me com um ar de superioridade. Mas eu sabia que na profundeza do seu ser, bem escondido e disfarçado, ele se sentia inferior.

Para resumir a história: ao final do processo, ele passou a ter uma comunicação assertiva com seu time, com seus pares e não somente com seus superiores e clientes. Para você ter uma ideia, ele se tornou tão querido que passou a ganhar presentes da equipe! E isso foi incrível!

Inclusive, Chris foi promovido e, tempos depois, recebeu uma nova proposta de trabalho em outra empresa. Detalhe: para uma vaga de diretor. E ele disse "sim"!

Analisando o caso dele, podemos ver que autoestima baixa não é algo que assola só as mulheres; é algo que não tem gênero. Várias pesquisas realizadas nessa área, inclusive uma de que gosto muito e que foi realizada por Stanley Coppersmith e publicada no livro *The antecedents of self-esteem* ("Os antecedentes da autoestima"), comprovam que a autoestima não tem relação com a classe social nem com a vida financeira (se é rico ou pobre), não tem relação com a educação estudantil ou acadêmica (se estudou em uma escola boa ou se nem chegou a estudar), ou com o lugar onde a pessoa mora, nem se quando ela era criança seu pai trabalhava com algo simples ou de *status* elevado, nem com o fato de a sua mãe trabalhar fora o dia todo ou ficar cuidando dela o dia inteiro em casa. A autoestima é fruto da qualidade das relações entre as pessoas que desempenham papel significativo em sua vida.

Apesar de sermos únicos, todo ser humano nasce com o potencial de saúde psicológica, o desenvolvimento ou não desse potencial vai depender do clima psicológico que ele viverá ao longo da vida. Por isso, a chave de uma maternidade ou parentalidade bem-sucedida é desenvolver na criança uma autoestima elevada.

Antes de avançarmos, ao longo deste capítulo citei três expressões que quero aprofundar: estabilidade emocional, personalidade e sucesso × fracasso.

Estabilidade emocional

Uma das definições da palavra "estabilidade" é "estado de equilíbrio"; assim, se estamos falando em estabilidade emocional, podemos pensar em equilíbrio emocional. Preste atenção, não significa que o emocional é imóvel, ou inabalável ou inflexível. Está na moda usar a palavra "inabalável", penso que podemos sim usá-la, mas com cautela.

Digo para ter cautela, pois pode ser que o fato de não alcançar o objetivo de ser "inabalável" e algumas vezes ficar triste gere uma cobrança e um sofrimento interno desnecessários, os quais definitivamente não vão contribuir para que a pessoa viva a sua melhor versão e tenha sua autoestima elevada. Nos próximos capítulos, você vai ler sobre comportamentos que elevam e destroem a autoestima, e verá que se cobrar demais é um dos comportamentos que destroem.

Ter estabilidade e equilíbrio emocional não quer dizer que você nunca ficará triste, chateado, e que nada irá te abalar. Quer dizer que, mesmo após ficar triste, chateado, abalado ou decepcionado... após ficar estressado ou, quem sabe, após ter uma crise de ansiedade, enfim, após ter emoções negativas normais ao ser humano (sim, é normal do ser humano ficar triste, estressado, ansioso, por exemplo), a pessoa rapidamente se recompõe e retorna ao seu estado emocional de bem-estar. Por quê? Porque ela sabe que tem valor e que pode se desenvolver sempre.

Personalidade

É preciso tomar cuidado com a utilização dessa palavra para não cairmos no uso de algo imutável, genético ou que define nossas escolhas, comportamentos e toda a nossa vida.

Por exemplo, imagine uma mulher de 33 anos, profissional liberal, casada e mãe de dois filhos; esta é a Ana.

Ana trata as pessoas de forma seca, direta, fala as coisas na lata sem medir as palavras. É mandona e sensível, se não fizer do jeito dela, ela fica emburrada.

Ah, mas a Ana é assim desde pequena... é a personalidade dela.

Pronto, lascou com tudo!

Ana senta-se em cima da justificativa de sua "personalidade":

"A culpa não é minha. É a minha personalidade... por isso eu sou assim".

Essa é a justificativa da Ana e guarde isto: **Justificativa é a muleta do fracasso!**

A personalidade reflete um padrão de pensamentos e comportamentos que foi e que é constantemente construído ao longo da vida do indivíduo. Afinal, somos seres em constante construção e aprimoramento, e isso se dá por conta da neuroplasticidade.

Para entendermos o que é neuroplasticidade, quero antes falar sobre o que é plasticidade. Plasticidade é uma palavra que pode ser trocada por elasticidade, maleabilidade, flexibilidade ou moldabilidade. Isso quer dizer que plasticidade é a capacidade de ser maleável, flexível, de se moldar diante de determinado acontecimento. Neuro é uma palavra que indica o sistema nervoso de uma pessoa, mais especificamente os neurônios, que são as principais células do sistema nervoso. Dessa forma, quando se utiliza a palavra "neuroplasticidade", refere-se à capacidade de adaptação dos neurônios, mediante as mudanças nas condições do ambiente no dia a dia da vida do indivíduo, e de um indivíduo de qualquer idade.

Por meio dos estudos de imagens, como a ressonância magnética, foi comprovado que a neuroplasticidade é mais intensa no período da infância, mas que também acontece em qualquer idade da vida de um indivíduo. E é por conta dessa capacidade do nosso cérebro de se reorganizar que nós podemos aprender, mudar e nos desenvolver. Por isso, cuidado ao usar a palavra "personalidade", pois nós não somos seres que nascemos de um jeito e que morreremos do mesmo jeito.

Sucesso × Fracasso

É preciso tomar muito cuidado também com o significado dado às palavras "sucesso" e "fracasso".

Ensino meus alunos que sucesso é você alcançar seu objetivo e/ou caminhar para se aproximar dele, e que cada fracasso pode ser um sucesso se você enxergá-lo como aprendizado.

Guarde isto também: **Nada é o que é até você atribuir um significado.**

Nada é um sucesso ou um fracasso até você dizer que é.

Talvez você conheça alguém que não entre em ação para realizar seus sonhos e objetivos com medo de fracassar...

E se não existisse fracasso, mas somente aprendizados?

Ficaria mais fácil entrar em ação, não é mesmo?!

Por isso, cuidado com os significados que você vem atribuindo às coisas e situações.

Convido você a refletir: o que era sucesso pra você antes de ler este capítulo?

Escreva:
....
....
....
....
....
....
....

E, antes, o que era fracasso para você?

Escreva:
....
....
....
....
....
....
....

Agora reflita se o que você acabou de responder, se a definição, se o significado que você dava para sucesso e para fracasso, te ajuda ou não a ter uma vida incrível.

Se a sua resposta for "não", vamos melhorar a sua definição agora!

Escreva qual será a sua nova definição de sucesso e fracasso:

....
....
....
....
....
....
....

Para concluir este capítulo, quero te revelar algo...

Quando uma pessoa, não importa que seja criança, adolescente ou adulto, fica se exibindo, dizendo coisas como:
- ✓ "Olha, veja como eu sou forte!"
- ✓ "Veja como eu arrasei neste trabalho!"
- ✓ "Caraca, você viu o que eu fiz?"
- ✓ "Sabe de uma coisa, eu já sei fazer x coisa (criança, exemplo: amarrar o tênis sozinho; adolescente: fazer arroz; adulto: fazer qualquer atividade nova)".

... seu objetivo, na verdade, não é ficar se mostrando, se exibindo, mas sim ser notada pelo outro. Ela está pedindo reflexos positivos, está pedindo aquele reconhecimento que faz bem pra suas emoções.

Talvez ao longo da sua vida você tenha se exibido algumas vezes, talvez você conviva com alguém que está se exibindo pra você neste momento. Nós, seres humanos (e eu diria que alguns bichos também, principalmente aqueles que convivem muito com os humanos), temos sede de amor e necessidade de atenção. Algumas pessoas parecem ter mais do que outras, parece que são mais carentes (falaremos sobre carência no capítulo 9), e outras pessoas parecem ser mais autossuficientes. No entanto, todas têm essa necessidade.

Por isso, eu te convido a olhar o que está por trás de cada comportamento, a entendê-lo e não somente olhar para o comportamento em si!

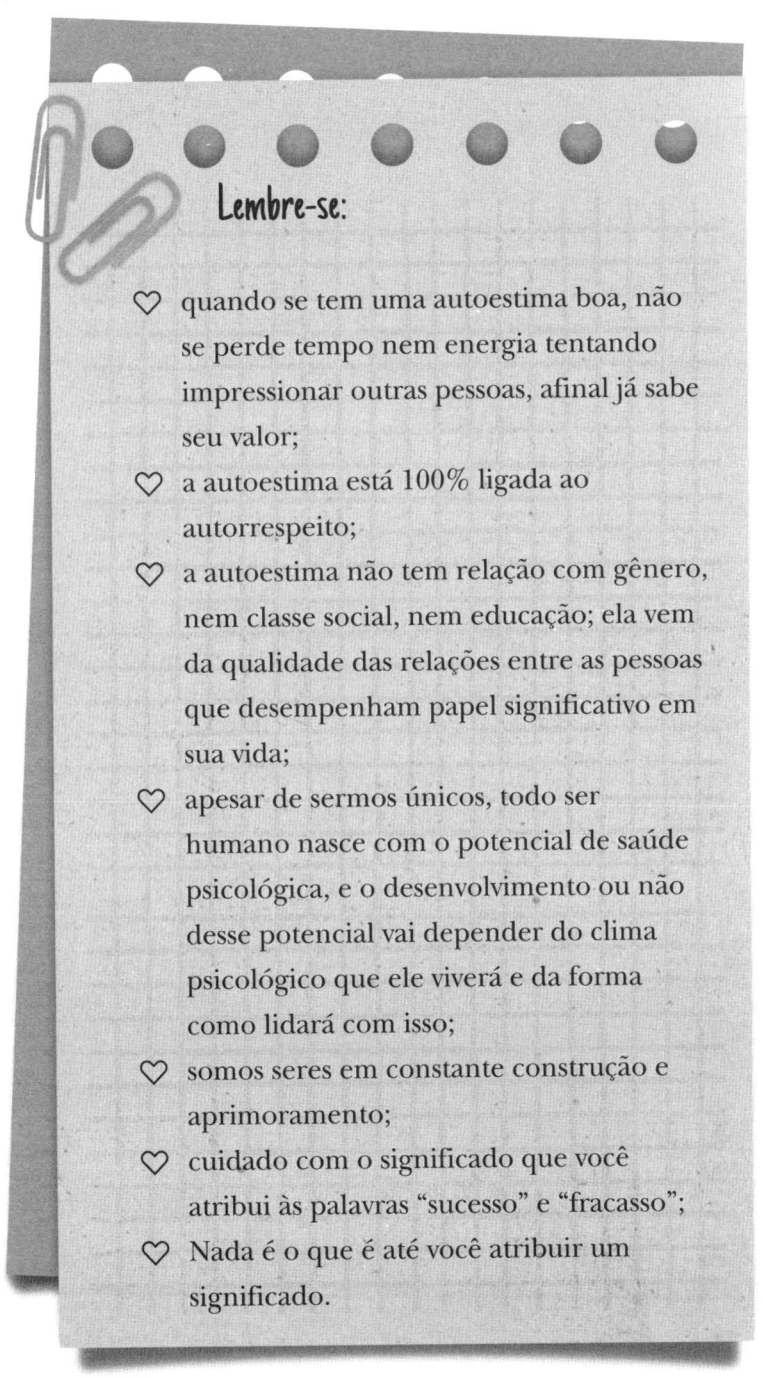

Lembre-se:

- quando se tem uma autoestima boa, não se perde tempo nem energia tentando impressionar outras pessoas, afinal já sabe seu valor;
- a autoestima está 100% ligada ao autorrespeito;
- a autoestima não tem relação com gênero, nem classe social, nem educação; ela vem da qualidade das relações entre as pessoas que desempenham papel significativo em sua vida;
- apesar de sermos únicos, todo ser humano nasce com o potencial de saúde psicológica, e o desenvolvimento ou não desse potencial vai depender do clima psicológico que ele viverá e da forma como lidará com isso;
- somos seres em constante construção e aprimoramento;
- cuidado com o significado que você atribui às palavras "sucesso" e "fracasso";
- Nada é o que é até você atribuir um significado.

Analisando tudo o que você leu e sentiu neste capítulo, responda por escrito: quais foram os seus aprendizados?

....
....
....
....
....
....
....
....
....
....

E com o que você aprendeu, quais serão as suas ações?

....
....
....
....
....
....
....
....
....
....

Lembre-se de que você pode compartilhar comigo quais foram os seus aprendizados, eu ficarei imensamente feliz!

CAPÍTULO 5

O abismo entre amar, ser amado e sentir-se amado

Existe uma diferença gigantesca entre ser amado e sentir-se amado. É como se houvesse um abismo entre os dois; isso quer dizer que você pode ter sido amado, por exemplo, por seus pais, mas que você não sentiu ou não sente esse amor. O mesmo vale para o seu sentimento pelo outro; você pode amar determinada pessoa, porém isso não quer dizer que ela se sinta amada por você.

Vamos falar primeiro sobre amar...

Amar não é apenas um sentimento. A palavra "amar" às vezes pode ser substituída por "gostar", "estimar", "querer bem", "apreciar"; mas não só isso, amar vai muito além de querer bem, de gostar de alguém; amar é mais que um sentimento, é uma DECISÃO. E você já sabe sobre o poder de uma decisão.

Quem você decide amar hoje?

Quem você decide gostar, estimar, querer bem, apreciar?

Quem? Responda!

Sério, faça aqui uma lista das pessoas que você decide amar. Não continue a leitura sem fazer este exercício, ele é muito importante.

Quem você decide amar?
....
....
....
....
....
....

Se você fez a lista e seu nome não foi o primeiro dela, tem algo errado aí, e se você sequer colocou o seu nome na lista, mesmo que em último lugar, tem algo *muito* errado aí. Não tem como amar verdadeiramente alguém, e de forma saudável e sustentável (a longo prazo), se você não se amar primeiro. Amar alguém demandará ações, comportamentos, atitudes, e para isso você vai precisar de energia. Vai precisar de muita energia!

Quando eu falo em energia, não estou falando daquela "energia positiva", não estou falando de algo superficial que vai te dar um gás momentâneo e passar rapidinho, estou falando de ciência, de psicologia. A verdadeira energia que estou falando é aquela que te abastece interiormente, de dentro pra fora, e que vaza pelos seus poros, que transborda pelo seu ser e que é consistente, pois vem de um processo de desenvolvimento contínuo. Como eu digo para meus alunos: "hoje melhor do que ontem, hoje melhor do que ontem, hoje melhor do que ontem sempre".

A autoestima verdadeira é a maneira como você se sente internamente, quando não tem ninguém te olhando, quando você está sozinho no seu quarto, quando está acompanhado somente da sua presença e não se sente entediado ou triste, ou mal por isso. A autoestima verdadeira não é a aparência de felicidade publicada nas redes sociais (no capítulo 10 falaremos sobre isso), com filtros lindos e fotos "tumblr" (fotos que trazem um visual inspirador, com muito estilo e com poses ou imagens bonitas). A autoestima verdadeira não tem a ver com riquezas e posições sociais, com viagens ou presentes glamorosos.

Amar a si mesmo é renovar suas energias, suas forças; se você não se amar, você não terá energia vital para amar mais ninguém. Você pode até achar que está amando alguém e agir amorosamente com ela, mas se você não se amar, a longo prazo ficará sem combustível, sem energia para continuar, vai se sentir uma pessoa cansada e exausta.

E quer saber o pior?

Pode ser que essa pessoa que você ama também ame você, pode ser que ela tenha comportamentos de amor por você, mas você não sentirá isso dentro do seu íntimo; você pensará que ela não te ama e que, de repente, ela faz isso por dó ou obrigação.

É preciso se amar antes de querer amar o outro.

É preciso se amar para poder sentir o amor do outro.

Você já sabe que a autoestima elevada resulta de reflexos positivos recebidos ao longo da vida, principalmente na infância, e que a autoestima influencia no sucesso que a pessoa tem na vida; mas talvez você esteja se perguntando:

"Se a pessoa teve uma infância negativa, quer dizer que ela está fadada ao fracasso? Esse negócio de reflexos é besteira... conheço pessoas que tiveram uma relação péssima com os pais e que têm sucesso, são superbem-sucedidas e parecem ser pessoas muito seguras de si. Até porque, se não fossem seguras de si, não teriam todo esse sucesso profissional".

Realmente você está certo, há pessoas que tiveram um relacionamento complicado com os pais e que têm sucesso; mas o aparente sucesso não garante que a pessoa tem paz interior. Para que uma pessoa se sinta bem interiormente, ela precisa de experiências de vida que provem que ela tem valor e que é digna de ser amada; experiências que precisam ser vivenciadas, principalmente, até os 6 anos de idade. Agora, repare que eu usei a palavra "experiências", pois a experiência tem maior impacto do que as palavras por si só.

Uma pessoa valoriza a si na medida em que foi valorizada ao longo da vida. Essa experiência de valorização não vem somente dos pais; até os 6 anos, sim, as figuras mais importantes são os pais, sejam eles os pais biológicos ou adotivos, não importa, ou as pessoas que cuidam da criança; por exemplo, no caso da criança ser criada pelos avós ou tios. Depois dos 6 anos, e se acentuando muito mais na adolescência, vem o apoio social como um dos espelhos mais importantes para a formação da autoestima.

Toda pessoa necessita de apoio social, principalmente de pessoas de idade próxima à sua; um adolescente que tem as suas características valorizadas por outros adolescentes sente-se mais feliz e adequado do que um que não tem isso.

Imagine dois cenários para uma mesma adolescente; vamos dar a ela o nome de Kelly.

A Kelly tem 13 anos e é uma adolescente baixinha e levemente acima do peso, mas com habilidades musicais incríveis.

No cenário 1, a Kelly convive com um grupo de adolescentes que valoriza a aparência baseada em padrões estéticos e que não valoriza habilidades musicais em nada.

No cenário 2 já é diferente, ela convive com um grupo que também ama música, que admira e que valoriza a sua habilidade musical.

Qual grupo social você acredita que seria o mais positivo para a Kelly crescer e se sentir bem em ser ela mesma?

Por que estou dando esse exemplo? Porque as atitudes das pessoas diante das características da Kelly são mais impactantes do que as características dela em si, ou seja, a forma com que o grupo reage frente à habilidade musical é mais importante do que a habilidade em si.

Ao escrever sobre isso, lembrei de uma história...

A minha filha Mariana atualmente tem 12 anos... Quando a Mari era bem pequena, tinha seus 3, 4 aninhos e estava aprendendo a colorir, ela pintava seus desenhos no estilo do artista brasileiro Romero Britto, cada parte de uma cor. As cores não seguiam uma ordem lógica; por exemplo, metade da cabeça era roxa e a outra, laranja; um pé era rosa e o outro, verde, e assim seguiam as pinturas da Mari.

Mas como toda criança que está aprendendo a colorir, esse era um comportamento natural, o que não era muito comum era a forma que eu reagia a isso.

Eu me lembro da Mari vir até mim para me mostrar seus desenhos e eu parar tudo o que estava fazendo para olhar com carinho o desenho dela, analisá-lo e dizer:

"Nossa, Mari! UAU! Que desenho mais lindo! Quantas cores você utilizou: roxo, azul, verde, rosa... Nossa, filha, você é muito criativa, você arrasa demais!".

Isso se repetia várias vezes, até que um dia, após eu terminar o meu elogio (mais para a frente vou te ensinar a técnica UAU do elogio eficaz), a Mari olhou para mim e disse:

"É, eu sei, mãe! Eu sou uma artista!".

A Mari havia apossado aquela experiência, não era mais sobre o desenho ser colorido ou lindo, era sobre ela ser criativa e ser uma artista!

Preciso ser honesta com você e dizer que eu soube agir assim não porque eu era uma mãe-gênia, mas porque eu estudava e aplicava a psicologia! Isso quer dizer que tudo o que estou compartilhando aqui com você vem com um convite para que você também passe a aplicar a psicologia da autoestima na sua vida e nos seus relacionamentos!

Vamos falar agora sobre ser amado e sentir-se amado...

E para isso quero contar outra história. Essa é sobre algo que aconteceu comigo em um dos treinamentos que ministrei sobre desenvolvimento de liderança. Esse em especial para uma empresa da área de agronegócio, uma das áreas mais prósperas e de maior movimento financeiro do Brasil.

Eu já atendia essa empresa havia um bom tempo e já havia realizado vários treinamentos e palestras em grandes eventos, como a convenção anual, e simplesmente amava fazer isso!

E lá estava eu pegando estrada mais uma vez e indo para mais um treinamento.

Era uma turma nova para mim e seria a primeira vez que eu os veria, digo isso porque normalmente para uma mesma turma eu ministro vários temas em dias espaçados, isso para que dê tempo de os participantes aplicarem o que aprenderam, entrarem em ação e, é claro, terem melhores resultados.

O tema desse primeiro encontro seria "relacionamento intrapessoal e interpessoal". *Intra-* antes de *inter-*, porque não adianta querer me relacionar bem com o outro se eu não estou bem comigo mesma.

E para falar desse tema, adivinha?! Autoestima e autoimagem faziam parte do cronograma. Falei o que tinha que falar, contei minha história e fizemos vários exercícios para elevar a autoestima (eu também farei alguns desses exercícios aqui no livro, aguarde).

Posso afirmar, sem dúvida, que grande parte do PIB agronômico do Brasil estava naquela turma (para quem não sabe, PIB é um indicador econômico que significa Produto Interno Bruto).

Uma turma de jovens líderes e todos lindos; isso não é porque sou puxa-saco, não! Nem a treinadora tipo "mãe coruja" (apesar de eu ser mesmo), mas porque realmente aqueles jovens eram lindos demais.

Beleza, mas por que estou contando isso?

Porque quando terminei o treinamento, vários vieram me abraçar e agradecer. E dentre os diversos abraços amorosos e verdadeiros que recebi, abraços esses de gratidão e carinho, dentre todos eles... dois me marcaram demais.

Um deles da Maya, uma jovem bela, inteligentíssima e rica, rica mesmo; só que com uma autoestima baixa, muito baixa! Uma jovem envolta de sentimento de inferioridade.

A Maya foi muito amada pelos pais, mas ela nunca sentiu esse amor e cresceu achando que não era boa o bastante. Seu abraço foi em meio às lagrimas. Lágrimas de gratidão, misturadas com dor, alívio e carinho... tudo isso junto! Abraçadas, com a voz embargada pelo choro, ela me disse:

"Gi, me identifiquei muito com sua história...".

Interrompo a frase da Maya para contextualizar sobre qual história ela se referia.

Eu nasci em uma cidade bem pequena do interior do Paraná, chamada Santo Inácio. Para você ter uma ideia, na época, não tinha nem 4 mil habitantes. A cidade era tão pequena que praticamente todas as pessoas me conheciam ou conheciam meus pais.

Quando eu tinha 9 anos, meus pais decidiram se mudar de Santo Inácio para Londrina, que, apesar de também ser parte do interior do Paraná, tem aproximadamente 600 mil habitantes. Enfim, nos mudamos para essa cidade, pois ali havia boas universidades e meu pai, em especial, gostaria que seus filhos estudassem.

Como mencionei no começo do livro, eu me sentia insegura e tinha a autoestima baixa, principalmente devido ao meu convívio social e às minhas "amizades"... Tudo isso foi acentuado quando me mudei para essa cidade grande.

Nos mudamos para um apartamento e várias crianças desciam para brincar no pátio e eu... ah, eu morria de vergonha... Estudava em um colégio que para mim era gigante, o Colégio Estadual José de Anchieta. Tenho várias lembranças de lá, umas boas e outras nem tanto... O tempo foi passando e eu fui para um colégio particular que pudesse me preparar melhor para o vestibular, já que meu pai tinha o sonho de que eu entrasse numa universidade.

Nesse novo colégio eu fiz novas amizades, mas não adiantava só mudar de lugar, por dentro eu continuava me sentindo inferior. Fui percebendo que o problema não estava fora de mim, mas dentro.

Estudei muito e passei no vestibular para Psicologia. O que talvez você não saiba é como foi que eu escolhi o curso...

No terceiro ano, eu tinha três amigas; uma delas ia fazer Medicina, a outra, Farmácia, e a outra, Arquitetura. E eu, o que eu iria fazer?

Ah, essa era uma boa pergunta!

Eu pensava assim:

"Meu Deus, não quero ir para a faculdade sozinha. Não mesmo! Mas fazer Medicina... sangue... nem pensar! Arquitetura? Como? Não sei nem fazer desenhos de palitinhos! Ah! Talvez Farmácia, né? Ah! Farmácia é uma boa opção. Mas, afinal, o que estuda em Farmácia e quem se forma faz o que depois? Trabalha vendendo remédios? Ah, eu posso me sair bem vendendo coisas...".

Eu estava escolhendo meu futuro não pelo que eu gostava, mas pensando em não ir sozinha para a universidade, tamanha era a minha insegurança.

Só pra você saber, isso foi em 1996, e nessa época a internet estava começando a se tornar conhecida no Brasil, em especial em Londrina... pra você ter uma ideia, eu não tinha computador, muito menos celular. Então, pra eu saber o que uma pessoa formada em Farmácia fazia, comprei um livro que me ajudou muito, chamado *Guia do estudante*, que explicava quais eram os cursos e o que se estudava em cada um deles, quais eram as possíveis áreas de atuação, quais eram as características necessárias para atuar em cada área, enfim...

Li o livro inteiro e com isso tive três descobertas.

A primeira era que eu não iria estudar Farmácia. Farmácia não tinha nada a ver comigo e com o que eu gostava de fazer.

A segunda foi que eu estava ferrada, teria que ir pra universidade sozinha.

E, por último, parecia que Psicologia era uma boa opção.

Agora pode ser que você esteja pensando:

"Então foi assim que você optou por Psicologia?".

E a resposta é não, definitivamente não. Eu era insegura demais para confiar na minha decisão.

O que eu fiz?

Eu escrevi em dois papeizinhos: Farmácia e Psicologia, então eu os dobrei em um formato bem pequeno, igual fazemos em um amigo secreto, sabe? Coloquei-os em um potinho e sacudi. Fechei os olhos, fiz uma oração e disse pra mim mesma:

"O que sair será o curso em que vou me inscrever".

Graças a Deus saiu Psicologia! Sou muito feliz com o que eu faço, amo meu trabalho. Eu vivo a minha missão! Mas olha a loucura que eu fiz por causa da insegurança!

Prestei o vestibular e passei!

Logo no primeiro ano já me deparei com um grande medo: falar em público. Quem me vê hoje dando palestras, treinamentos, gravando vídeos, *podcasts*, cursos on-line, não imagina que eu tinha medo de falar em público, que eu ficava vermelha e chegava a ter dor de barriga de tanto nervoso.

E por que eu tinha esse medo?

Porque eu tinha medo de que as pessoas descobrissem que eu não era boa o suficiente. Eu dizia para mim mesma:

"Se liga, Gislene Isquierdo, você é só uma menina do interior… Você não é boa o suficiente".

Essa voz me sabotava, minava minhas forças. Até que um dia eu resolvi dizer um basta. Basta para essa voz sabotadora, basta para esse comportamento de me automenosprezar.

E após contar a história no treinamento, eu disse:

"E se eu estou aqui hoje dando palestras e treinamentos, se eu tenho um canal no YouTube, se eu venci a minha insegurança e a autossabotagem, você também pode".

A Maya, então, no abraço em meio às lágrimas me disse:

"Gi, eu me identifiquei muito com sua história… Obrigada, obrigada, obrigada! Hoje eu resgatei a esperança. Se você conseguiu, eu também posso conseguir! Até o dia de hoje, minha autoestima e minha autoconfiança nem existiam, mas agora eu sei o que e como eu posso fazer para melhorar... Obrigada de coração!".

O abraço da Maya me surpreendeu.

Ao longo dos meus treinamentos, eu dou várias oportunidades para as pessoas compartilharem seus aprendizados, para interagirem comigo, mas a Maya só participava quando era "obrigada", como quando todos, sem exceção, falavam algo e isso ia seguindo uma ordem, e só assim ela falou durante o treinamento.

Ela evitava me olhar nos olhos, parecia que nada daquilo era para ela. E, apesar de toda a minha experiência, o que eu não havia percebido é que aqueles comportamentos eram só uma defesa, um disfarce.

Essa experiência mostrou à Maya que ela poderia escrever uma nova história... E que aquele dia seria o primeiro dia do resto da vida dela, pois ela estava conscientemente tomando uma nova decisão.

O segundo abraço que me marcou foi o da Paula, uma morena superlinda, com um megacorpão, simpática, sorridente e que passava a imagem de alguém muito forte e destemida... mas tudo isso era "casca".

Ela me abraçou forte e me segurou assim por um tempo. Ao me soltar, olhou bem nos meus olhos e disse:

"Gi, a minha autoestima é soterrada. Eu não me acho boa. E hoje você me mostrou que é possível mudar isso... Ao longo da minha vida, meu pai sempre me cobrou muito e eu tenho a sensação de que eu não sou boa o suficiente pra ele, isso me machucava demais; mas hoje eu decidi mudar isso. Vou me aproximar do meu pai e mostrar as minhas forças! Eu nem sabia que eu tinha tanta força assim, mas hoje, com você, eu pude ver. Obrigada!"

Eu sei que o pai da Paula a amava, e ela também sabia disso, e que as cobranças eram porque ele queria que ela desse o seu melhor e se esforçasse, mas a mensagem que chegava para ela não era essa.

Tinha um abismo ali no meio, entre ele amar a filha e ela se sentir amada.

Apesar de essas duas jovens serem de uma classe social elevada, como você já sabe, a autoestima não tem nada a ver com a condição financeira da pessoa. E apesar de as duas serem lindas, você também já sabe que a autoestima não tem nada a ver com o físico, com a aparência externa, com a beleza.

Todo ser humano quer ser amado e se sentir amado, e eu sei que você também quer; então, comece se amando e permitindo-se ser amado! Se não fizer isso, não vai adiantar você ter alguém incrível ao seu lado, não vai fazer diferença se você estiver solteiro ou superbem casado, desempregado ou no trabalho dos sonhos. Se você não tomar a decisão de se amar e parar de se menosprezar, não vai mudar nada!

No próximo capítulo, vamos falar sobre quais comportamentos destroem a autoestima, para que você possa identificar e dar um basta neles. Mas, antes, tome a sua decisão.

Lembre-se:

- ♡ existe uma diferença gigantesca entre ser amado e sentir-se amado, é como se houvesse um abismo entre os dois;
- ♡ amar vai muito além de querer bem, de gostar de alguém; amar é mais que um sentimento, é uma decisão;
- ♡ para amar alguém você vai precisar de energia;
- ♡ a verdadeira energia é aquela que te abastece interiormente, de dentro pra fora, e que vaza pelos seus poros;
- ♡ é preciso se amar antes de querer amar o outro;
- ♡ uma pessoa valoriza a si na medida em que foi valorizada ao longo da vida;
- ♡ toda pessoa necessita de apoio social, principalmente de pessoas de idade próxima à sua;
- ♡ todo ser humano quer ser e se sentir amado, mas, para isso acontecer, antes ele precisa amar a si mesmo.

Quero te confessar algo: eu chorei ao escrever este capítulo.

Não ter a autoestima boa pode trazer muitos sofrimentos na vida de uma pessoa, e eu creio plenamente que toda pessoa nasceu para ser feliz!

E enquanto eu escrevia e me emocionava, pude relembrar vários aprendizados e ter outros tantos novos.

Agora, chegou o seu momento! Escreva aqui quais foram seus aprendizados neste capítulo.

....
....
....
....
....
....
....
....

E, com tudo o que você aprendeu, quais serão as suas ações?

....
....
....
....
....
....
....
....

Lembre-se de que você pode compartilhar comigo quais foram os seus aprendizados. Eu ficarei imensamente feliz!

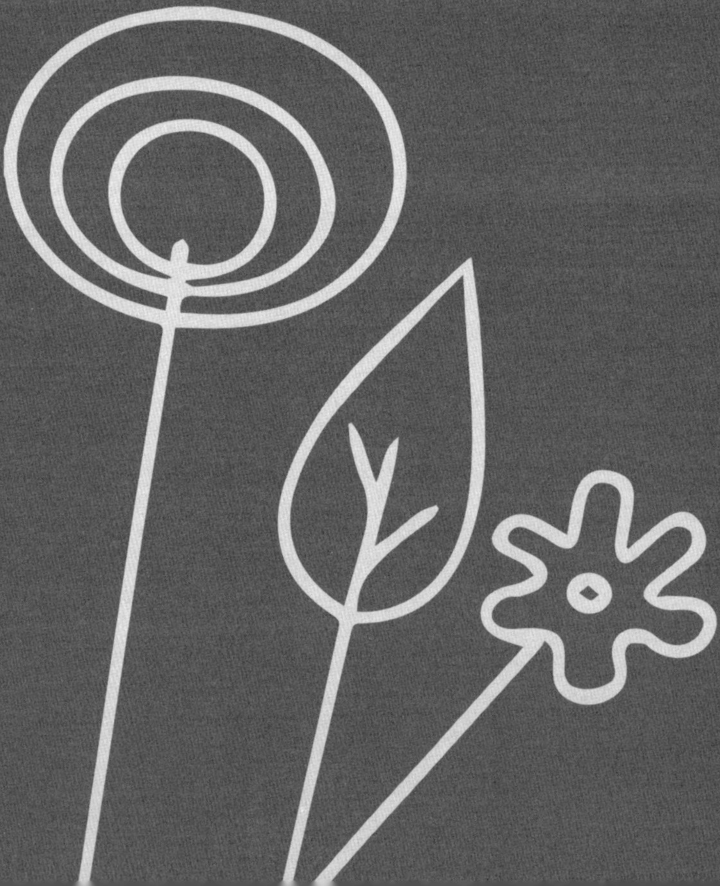

PARTE 3

O QUE DESTRÓI E O QUE IMPULSIONA A AUTOESTIMA

Quando falamos em autoestima, há comportamentos e ações extremamente poderosos, tanto para o bem quanto para o mal. Como seria a sua vida e os seus relacionamentos se você, todos os dias, sem perceber, minasse a autoestima da pessoa que você mais ama? Se você, inconscientemente, todos os dias, envenenasse a sua autoestima? Será que você teria uma vida UAU? Com certeza, nem vida você teria; você mal sobreviveria. Afinal, como diz a música dos The Beatles: "All we need is love" ("Tudo o que nós precisamos é amor"). Sim, amor é a nossa força vital, é uma necessidade básica do ser humano; amor-próprio e amor do outro.

CAPÍTULO 6

Destruidores da sua autoestima

Para abrir este capítulo, quero explicar que aqui você encontrará uma lista de comportamentos que podem destruir a sua autoestima. É importante que você identifique se está cometendo algum desses comportamentos, pois eles funcionam como ralos de estima e amor, é como se vivesse em um campo minado onde a qualquer momento pudesse pisar em uma das bombas que explodiriam seu amor-próprio e impactariam na sua relação com as pessoas que mais ama. Após isso, no próximo capítulo, vamos falar sobre atitudes próprias que podem destruir a autoestima de outra pessoa; mas antes de olhar para sua relação com o outro, vamos olhar para a relação que tem consigo mesmo, pois para que você tenha uma relação saudável com quem quer que seja, primeiro precisará descobrir se há algo que você faz que está desmoronando a sua estima.

Para começar, quero te mostrar algo fundamental, tanto para a sua autoestima como para a das pessoas ao seu redor: a importância das palavras!

Sim, há poder nas palavras, poder de construir ou de demolir, só que isso eu imagino que você já saiba. Mas tem algo que eu quero te contar:

as palavras são importantes e os julgamentos que as acompanham são ainda mais importantes do que elas. Vou dar um exemplo.

Roberto tem 37 anos, é pai do Henrique, de 4 anos, e está passando por uma fase bem complicada em sua vida profissional, uma fase repleta de dificuldades e problemas a serem resolvidos. Henrique, apesar de ser pequeno e ainda não entender muita coisa, fica com os olhos atentos ao pai, e como Roberto é um espelho psicológico muito importante para o filho, o que Henrique observa, ele aprende e modela mesmo sem querer ou sem perceber.

Eis que numa manhã de sábado fria e chuvosa, Henrique acorda cedo e vai até a sala, onde ouve o pai falando sozinho, ele se senta bem quietinho e fica observando. Roberto está sentado no sofá envolto por almofadas e uma manta xadrez, a TV está ligada em um canal qualquer, Henrique não consegue entender ao certo o som que sai da TV, mas ele entende o pai e começa a prestar atenção nele.

Roberto, com a voz meio embargada e oscilante, diz:

"E agora? O que vou fazer pra resolver essa situação? Já não durmo bem faz tempo... Não queria ter que pedir ajuda para meu pai, queria conseguir resolver sozinho, mas meu pai sempre esteve disposto a me ajudar. Não vai ter jeito, vou pelo menos conversar com ele e contar o que está acontecendo... de repente, ele tem alguma luz e pode me ajudar; afinal, ele tem mais experiência de vida do que eu".

Roberto dá um salto do sofá, como se tivesse tomado uma decisão importante e, ao se levantar, vai rumo à cozinha, quando vê de relance, do seu lado esquerdo, lá no fundo do corredor, algo se movendo. Olha novamente e vê lá no cantinho Henrique sorrindo. Roberto sorri e, fazendo um gesto com o dedo indicador, chama o filho, que vem sorrindo e correndo. Henrique pula, dá um abraço bem forte, um típico "abraço de urso", e diz:

"Papai, eu sei que o vovô vai saber te ajudar! O vovô é assim como você, ele cuida da gente e sabe das coisas!".

Roberto, emocionado, olha para o filho e diz:

"Henrique, Henrique... você é terrível, meu filho!".

Teoricamente, a palavra "terrível" deveria ser negativa, mas, como eu te disse, as palavras são importantes, sim, porém os julgamentos que as acompanham são ainda mais importantes do que elas. A palavra "terrível", nesse caso, foi dita com orgulho, amor, respeito e até mesmo admiração, e Henrique percebe e sente isso.

A avaliação que Henrique faz de si mesmo depende da avaliação que seu pai faz dele; isso quer dizer que a forma como você foi e é avaliado pelas pessoas que são importantes para você influenciará na forma como você se avaliará, e quanto mais você gosta do que vê, quanto mais gosta da sua autoimagem, mais elevada será a sua autoestima.

Com essa história temos vários aprendizados, dos quais quero destacar cinco, mas antes, para não te influenciar, quero que você escreva quais foram seus cinco grandes aprendizados com a história de Roberto e Henrique:

....
....
....
....
....
....

Agora, quero compartilhar os meus aprendizados:
- ♡ A palavra em si é importante? Sim, mas mais importante do que ela é o julgamento, o significado que a acompanha.
- ♡ A forma como você é avaliado pelas pessoas que ama influenciará na forma como se autoavaliará.

- Se você gostar do que vê na sua autoavaliação, sua autoestima será positiva.
- Isso também vale de você para o outro, isto é, o jeito como você avalia o outro influenciará na forma com que ele se avaliará e, consequentemente, na estima dele.
- Henrique aprende que, um dia, lá no futuro, se ele precisar do pai, como hoje Roberto precisou do vovô, ele também poderá procurá-lo; afinal um papai tem mais experiência e pode ajudar "com uma luz". E o mais lindo é que esse aprendizado está totalmente nas entrelinhas, quando Roberto, ao falar e fazer isso, dá modelo, ou seja, serve de espelho para o filho.

Estamos o tempo todo nos comportando e aprendendo com o comportamento dos outros, e esses comportamentos podem ser destruidores ou impulsionadores da autoestima (veremos mais sobre os impulsionadores no capítulo 8). Vamos ver quais são esses comportamentos destruidores para que, se por acaso você tiver algum desses, possa dar um basta hoje mesmo!

COMPORTAMENTOS DESTRUIDORES DA PRÓPRIA AUTOESTIMA

Dentre os hábitos que podem destruir sua autoestima, elenquei 21, e deixei por último um hábito com alto poder destrutivo.

1º. Comparação

Comparar-se com outra pessoa não é justo para ninguém, nem para você nem para a outra pessoa. Somos diferentes; é como se alguém comparasse dois legumes entre si, não dá pra comparar batata com chuchu. Além de sermos diferentes, vivemos momentos diferentes, temos uma educação diferente, pensamos de modo diferente.

Todos nós estamos sujeitos, a qualquer momento de nossa vida, a nos compararmos com alguém.

Uns dois anos atrás eu estava trabalhando em *home office*, toda feliz. Estava fazendo o planejamento do conteúdo que iria publicar no meu canal do YouTube.

Nossa! Eu me lembro exatamente da cena...

Era uma terça-feira, eu estava em casa, sentada na minha mesa de trabalho, vestindo shorts, blusa e descalça; descalça, mas maquiada! Adoro trabalhar assim – pra você ter uma ideia, no momento que escrevo para você, estou exatamente assim.

Recordo-me da sensação de estar feliz com tudo o que estava realizando no dia, até que me levantei por um momento para dar uma espairecida. Eu me espreguicei e fui até a cozinha, peguei um copo de água, espremi meio limão (amo água com limão) e fui até o sofá.

Sentei, peguei o celular e fui olhar as mensagens do WhatsApp. Vi algumas mensagens, respondi outras, até que me deparei com a mensagem de um ex-aluno de mentoria. Ele me contava algo muito bom que havia acontecido com ele. Fiquei feliz por ele estar crescendo e alcançando seus objetivos e prontamente respondi sua mensagem com um áudio bem animado. Continuei olhando e respondendo outras mensagens.

Parei e voltei ao trabalho, mas algo havia mudado e eu não sabia o que tinha acontecido; é como se, de repente, a minha felicidade e bem-estar tivessem sumido. Agora eu estava borocoxô, meio aborrecida, chateada...

Mas com o quê?

Eu não sabia.

Fiquei brava comigo mesma:

"Como você pode ter mudado seu estado emocional tão rápido, Gislene? O que é isso? Faça-me o favor, descubra o que é que aconteceu que, de repente, você mudou e para pior".

Bem, depois dessa bronca que eu dei em mim mesma, comecei a analisar o que poderia ser e... *eureca*, eu identifiquei o que havia acontecido!

Em uma fração de milésimos de segundos, após responder a mensagem em áudio, eu me comparei com o meu ex-aluno de mentoria e disse pra mim mesma:

"Nossa, pra ele parece tão fácil, mas pra mim parece tudo tão difícil".

E bum! Fiquei mal comigo mesma! Eu o havia engrandecido e me diminuído. Eu havia desconsiderado toda a trajetória dele, todas as dificuldades que ele teve, todos os perrengues que ele havia passado e, pior, tinha desconsiderado o fato de que ele me tinha como sua mentora e que o papel do mentor é justamente facilitar a jornada do outro. E isso tudo foi muito, mas muito rápido.

Após identificar o que havia acontecido, mudei novamente meu estado emocional (vou te ensinar nos próximos capítulos como você também pode fazer isso) e voltei a trabalhar com a minha melhor versão e não com a versão meia-boca.

Escolhi esse exemplo, mas poderia ser qualquer outro; porém resolvi me expor, pois afinal não faz tanto tempo assim que esse episódio aconteceu. Quero que você tenha a consciência de que a comparação destrói e que esse é um comportamento que você vai ter que vigiar sempre!

Cuidado! Não se compare! Não é justo nem com você nem com a outra pessoa, e isso vai minar sua autoestima! Fique atento!

2º. Esperar pela aprovação dos outros

Fazer algo e ficar esperando a aprovação de outra pessoa é péssimo, pois pode ser que essa aprovação nunca chegue.

Isso pode acontecer tanto na vida pessoal como na profissional, "o dia que meu chefe me elogiar", "o dia que minha mãe me elogiar", "o dia que meu esposo me elogiar"... Essa espera pode gerar uma frustração gigantesca, e, pior ainda, se em vez de vir o reconhecimento vier uma frase do tipo: "você não fez mais do que a sua obrigação".

Não faça as coisas esperando pela aprovação dos outros, faça por você, faça genuinamente; se a aprovação vier, será lucro!

3º. Esperar demais dos outros

Não meça os outros pela sua régua. Já vi muita gente sofrer por isso, inclusive pessoas muito próximas a mim, e, por vê-las sofrer e por amá-las, eu também sofria.

Um grande amigo meu, uma pessoa que admiro, fazia isso com frequência. Por ser alguém muito bondoso e sempre querer ajudar os outros, mesmo quando nem pediam ajuda, ele sofria... Se desdobrava para ajudar as pessoas – familiares, amigos, clientes e também pessoas que mal conhecia. Diversas vezes ele deixava em segundo plano o que precisava fazer para si mesmo para primeiro ajudar o outro. Sempre disposto a contribuir e a socorrer, fazia inúmeros favores... e lá no fundo ele ficava esperando que um dia o outro faria por ele, e adivinha? Isso não acontecia.

Não sei se você conhece alguém assim, mas um ponto é certo: a pessoa que espera do outro tende a sofrer.

Se você estiver pensando:

"Está bem, Gi, mas como é que não se espera nada do outro?".

Eu não estou dizendo pra não esperar nada do outro; não esperar NADA é praticamente impossível. O ser humano é um ser sociável e sempre vai esperar que o outro tenha alguns comportamentos mínimos, por exemplo, o comportamento de respeito.

A questão aqui é: o que é respeito para um pode não ser respeito para o outro. Vou te contar uma história que ouvi num curso que eu fiz...

Havia um casal, ele de descendência italiana e ela, japonesa. E uma queixa frequente deles era que um não respeitava o outro.

Ele dizia:

"Minha esposa nunca me fala nada. Quando eu vou falar com ela, eu falo tudo que não está bom. E ela? Ela não fala nada. Eu falo, falo, falo... e ela? Nada. Se ela me respeitasse, ela me falaria as coisas...".

Enquanto ela dizia:

"Se ele me respeitasse, ele não falaria tudo isso pra mim. Eu o respeito e por isso fico em silêncio".

Respeito para um era falar tudo o que vinha na cabeça e para o outro era guardar em silêncio.

Por isso, lembre-se: não meça os outros pela sua régua e não tenha expectativas, trace resultados; expectativas dependem do outro, resultados dependem de você entrar em ação com o que está sob seu controle e fazer acontecer. Trace resultados e não expectativas.

4º. Colocar o outro sempre em primeiro lugar

Definitivamente, colocar o outro sempre em primeiro lugar é altamente destruidor para a sua autoestima. Repare que eu utilizei a palavra "sempre", isso quer dizer que colocar o outro em primeiro lugar uma vez ou outra é saudável, mas colocar sempre não é.

Vamos pensar em um casal.

Pedro e Paty vão sair para comer. Pedro quer comer hambúrguer e Paty, pizza. Eles conversam e decidem comer hambúrguer.

Paty fica feliz, pois Pedro está feliz!

Um outro dia, Pedro e Paty vão sair para comer novamente. Pedro quer comer massa e Paty, cachorro-quente. Eles conversam e decidem comer uma massa.

Paty fica feliz, pois Pedro está feliz!

Na próxima vez, Pedro e Paty decidem que vão pedir comida em casa. Pedro quer comer pizza e Paty, hambúrguer. Eles conversam e decidem pedir pizza.

Mais uma vez, a vontade de Pedro prevaleceu e Paty abriu mão do que gostaria. Ela faz isso esperando que um dia, quem sabe, Pedro faça por ela... adivinha? Não vai fazer.

Dessa vez, Paty não fica feliz, ela fica chateada, pois Pedro não nota que todas as vezes ela é quem abre mão do que gostaria de comer para comer o que ele prefere. Ela faz por ele, mas lá no fundinho fica esperando que ele também faça por ela, e isso gera frustração, chateação, tristeza... E no fim acaba afastando os dois.

Lembre-se: colocar o outro em primeiro lugar uma vez ou outra é saudável, mas sempre não.

5º. Fazer de tudo para agradar ao outro

Vamos imaginar um casal...

Júlia era extremamente apaixonada por Rafa, mas ele nem olhava para ela; para ele, eles eram só bons amigos. Porém, o coração de Júlia acelerava toda vez que o via, e ela sempre se arrumava de uma forma diferente quando havia a mínima possibilidade de vê-lo.

Vou te explicar...

Júlia adorava pintar as unhas de cores fortes como vermelho, preto, laranja, rosa... Mas Rafa preferia quando as garotas usavam, no máximo, um esmalte transparente.

Júlia gostava de usar sapatos de salto... Rafa preferia meninas que usassem sapatos mais discretos e baixinhos.

Júlia gostava de maquiagem, de passar sombra, lápis nos olhos, rímel, batom, mas Rafa não curtia maquiagem.

O que você imagina que Júlia fazia quando ia encontrar ou quando ela achava que tinha uma possibilidade de encontrar com Rafa?

Ela não pintava as unhas, usava sapatos baixos ou até mesmo tênis, não usava maquiagem (passava somente um rímel bem discreto)... ou seja, ela se adequava, ou melhor, se anulava para agradar ao Rafa.

Você acha que um relacionamento assim pode dar certo e os dois serem felizes juntos a longo prazo?

Bem, no mínimo é pouco provável, a não ser que os dois se desenvolvam.

Para encurtar a história...

Júlia resolveu parar com isso e fazer as coisas de que ela gostava sem mais se importar 100% com o Rafa.

Tempos depois, o que você imagina que aconteceu?

Rafa quis ficar com a Júlia... mas ela já não o queria mais.

Querer agradar ao outro não tem nada de errado, mas querer agradar ao outro e desagradar a si, e pior, com muita frequência, aí sim tem algo de muito errado.

6º. Competição em excesso

Competir é saudável, mas competir em excesso não. Se há competição, há quem vença e há quem perca, ou talvez em algumas vezes, um empate; mas na maioria vai ter alguém superfeliz, o campeão, e outro alguém triste, o derrotado.

E não me venha com essa de que "eu não ligo pra vencer ou perder". Nenhum ser humano gosta de perder em uma competição. Por isso, cuidado; analise se você não está competindo demais.

Ah! É importante você saber que esse ponto vale tanto para a vida profissional como para a pessoal. Eu já vi muitos irmãos competirem entre si e isso abalar a relação.

7º. Pensar que você não é capaz

Você já deve ter ouvido por aí em algum lugar que há poder nos pensamentos. Eu vou te explicar isso de uma forma muito profunda no capítulo 8, mas por hora é fundamental que você saiba que ficar pensando: "eu não sou capaz" vai destruir sua autoestima; e não só a sua autoestima, mas também sua autoconfiança e autoeficácia (abordarei esse tema também no capítulo 8). Por isso, se você tem o terrível hábito de pensar que não é capaz, risque isso da sua vida de uma vez por todas.

8º. Guardar rancor ou mágoas

Guardar rancor ou mágoas é segurar uma pedra de carvão aceso em suas mãos. A pessoa que gerou esse sentimento em você (a qual talvez nem faça ideia disso) nunca será queimada por essa pedra de carvão, mas você será.

Eu digo para meus clientes e alunos que guardar rancor ou mágoas é como a "história do potinho de manteiga com comida", é como guardar resto de comida num potinho de manteiga e colocá-lo na geladeira.

Quando eu morava com minha mãe, ela tinha um hábito que me marca até hoje e com o qual tive grandes aprendizados: sempre que acabava a manteiga, ela lavava o pote e o deixava guardado esperando por uma oportunidade de ser reutilizado.

Minha mãe nunca jogava resto de comida fora, nunca... Toda vez que sobrava um restinho de comida do almoço – macarrão ou strogonoff, arroz ou feijão, não importava o quê –, ela colocava esse restinho em um pote de manteiga, daqueles que tinha lavado e guardado, e colocava na geladeira.

No café da manhã, quando ia até a geladeira para pegar a manteiga, antes de realmente encontrá-la, eu abria vários potes pensando que era a manteiga, só que na verdade eram de resto de comida. Abria um e era arroz, abria outro e era feijão, outro e outro e outro...

Potes esses que, às vezes, eram esquecidos e a comida acabava estragando.

No momento em que esse pote com comida estragada era aberto, o mau cheiro se alastrava pelo local e incomodava a todos, algumas pessoas até se afastavam. Mas "teoricamente", antes de abrir o pote, o mau cheiro nem era percebido.

Por que "teoricamente"?

Porque eis que um dia, após a aula do colégio, uma amiga veio almoçar em casa e quando eu fui abrir a geladeira para pegar a comida, minha amiga disse:

"Hum... que cheiro ruim. Deve ter algo estragado aí dentro".

Como eu e minha família abríamos a geladeira com frequência, já estávamos acostumados com aquele cheiro e nem o percebíamos mais; no entanto, a minha amiga não, e ela o sentiu logo de cara e se afastou da cozinha...

O que essa história tem a ver com guardar mágoas ou rancor?

Tudo!

Sentimentos como mágoa, quando guardados, vão fedendo em você. Você se acostuma com o cheiro, mas quem convive com você não se acostuma, e essa pessoa pode vir a se afastar; afinal, ninguém gosta de conviver com uma pessoa "fedida" ou amargurada.

Sim, as nossas emoções negativas e positivas funcionam como um cheiro que pode ser um perfume agradável ou um mau cheiro insuportável.

9º. Focar só o futuro ou só o passado

Focar o futuro é bom, te ajuda a sonhar, estabelecer objetivos, almejar uma vida melhor; contudo, focar apenas o futuro pode gerar muita ansiedade.

Olhar para o seu passado é importante, mas focar o seu passado pode gerar depressão; porque você olha e pensa: "meu passado foi tão bom e agora está tudo uma porcaria", ou porque você olha e pensa: "meu passado foi tão ruim e é por isso que minha vida está esta porcaria". Nenhum desses pensamentos irá te ajudar.

O que fazer então?

Falaremos mais sobre isso no capítulo 8! Mas lembre-se de que olhar só para o futuro ou só para o passado pode influenciar negativamente a sua autoestima.

10º. Conviver com pessoas destrutivas

Você já aprendeu que a autoestima influencia na escolha dos amigos e até mesmo na escolha da pessoa com quem se relaciona na vida amorosa. Uma pessoa com a autoestima baixa pode cair no ciclo vicioso. Vou te dar um exemplo.

Priscila é artesã e sonha em ter o próprio negócio. Ela está morando com Carlos (por quem é apaixonada), e ele, vira e mexe, a coloca pra baixo dizendo coisas como:

"O que você faz até que é bom, Priscila, mas ninguém vai pagar por isso".

"Você precisava tomar um rumo na vida e ter um trabalho que dê dinheiro."

"Você é muito mole, sua irmã é muito mais decidida que você."

"Se nem sua família e seus amigos compram seus produtos, ninguém mais vai comprar."

"Hoje encontrei aquela sua amiga da aula de pintura na rua. Nossa, ela está com um corpão, deve estar indo para a academia todo dia, você bem que poderia fazer o mesmo."

Priscila está nesse relacionamento e aceita permanecer nele porque, além de ela se achar apaixonada por ele, sua autoestima está soterrada. Mas permanecer nessa relação só faz com que fique ainda mais soterrada, e esse é o ciclo vicioso.

Estar apaixonado é maravilhoso, mas não em um relacionamento que te destrói.

Preste atenção nas atitudes das pessoas que convivem com você e se elas estão sendo destrutivas para sua autoestima. Talvez você precise ser uma pessoa mais seletiva nas suas relações. Conviver com pessoas destrutivas é como tomar uma dose de veneno diária, ou pior, várias vezes ao dia. Destrói sua autoestima e mina sua energia vital.

11º. Autodepreciação

Depreciar é a mesma coisa que difamar, dizer algo grosseiro, desdenhar, desprezar.

Pense nas frases que você já disse para si mesmo se autodepreciando... Pensou? Então, eu te convido a escrevê-las aqui:

....
....
....
....

Na sequência, pense em três pessoas que você ama muito e quer bem... Pensou? Coloque o nome das pessoas aqui:

....

....

....

Agora volte no espaço anterior e escreva para essas pessoas todas as frases grosseiras e de desprezo, frases as quais você disse para si mesmo; ou seja, as frases que você escreveu para si, você vai escrever para as três pessoas.

Vamos lá! Faça.

O que você está esperando? Faça.

Difícil, não é mesmo? Muito provável que você não tenha conseguido escrever essas barbaridades para alguém que você ama tanto. Pois é, mas você tem dito para si com frequência. Por isso, sério, pare de se depreciar. Pare!

12º. Não se considerar uma pessoa adequada

Você já sabe que a autoestima interfere na autoconfiança. O que quero dizer é que confiança em uma área não significa, necessariamente, confiança em todas as áreas. Agora, quanto mais generalizada for a autoestima da pessoa, mais generalizada será a sua autoconfiança, isto é, ela atuará com mais confiança em outras áreas da vida.

Vamos a dois exemplos.

Primeiro...

Maria é uma pessoa confiante no trabalho, se expressa com confiança nas reuniões, questiona, fala o que pensa, lidera um grupo de 14 pessoas e se sai superbem nisso; o *feedback* que recebe no trabalho é que ela é mestre como líder. Mas na sua vida pessoal ela não é bem assim, principalmente nos relacionamentos amorosos, Maria está mais para desastre do que para mestre.

Segundo...

Vamos imaginar que Jonas é seu amigo de profissão e está buscando se aproximar mais de você, pois te admira muito. Para ele você é um profissional acima da média. E para se aproximar mais de você, ele te convida para ir a um congresso da área de vocês, um congresso superbom e que reúne milhares de pessoas. E que, adivinha? Você não vai.

Por quê?

Porque não se considera uma pessoa adequada para ir a um congresso com milhares de pessoas.

Num outro dia, Jonas te convida para ir a uma festa superchique... e você não vai.

Por quê?

Porque não se sentiria à vontade lá.

Então, Jonas te faz um novo convite, dessa vez para fazer uma corrida com ele e você também não vai.

Por quê?

Porque não se considera uma pessoa apta para fazer corrida.

Atenção: não se considerar uma pessoa adequada e dizer muitos "não" a convites pode, sim, destruir sua autoestima. Além, é claro, de zerar a chance do Jonas te chamar para qualquer outra atividade.

13º. Não acreditar em si mesmo

Não acreditar em si mesmo, não acreditar que é capaz e não fazer nada para se desenvolver, para melhorar, e só ficar reforçando para si quão ruim você é, vai certamente acabar com você.

Imagina uma pessoa chamada Alex e que, com frequência, pensa e diz frases como estas para si mesmo:

"Eu não sou muito importante".

"Se as pessoas me conhecerem de verdade, elas não gostarão de mim."

"As outras pessoas fazem isso muito melhor do que eu."

"Por que eu vou tentar fazer isso? Não vai dar certo mesmo."

"Sempre que eu decido fazer algo, não dá certo..."

"Por que eu vou falar em público? Eu não tenho nada para falar. Ninguém vai parar para me escutar."

"Não gosto de ir a lugares novos..."

"Não gosto de ir a lugares onde não conheço ninguém..."

"Não gosto de ficar sozinho..."

"Se eu pudesse escolher, escolheria ser outra pessoa."

Você acredita que a autoestima de Alex é alta ou baixa?

Uma pessoa que como Alex diz a si mesmo esses tipos de frases tem a autoestima negativa. Se Alex tivesse a autoestima elevada, ele diria frases bem diferentes a si mesmo.

14º. Não enxergar suas qualidades

Não enxergar as suas qualidades, ou pior, só ver os defeitos, destrói a autoestima de qualquer pessoa. Nós somos seres sociáveis e precisamos de reconhecimento; agora, se você mesmo não se reconhecer, se você mesmo não enxergar e valorizar as suas qualidades, quem mais o fará? Ninguém. Ou mesmo que um anjo o faça, mesmo que um anjo veja suas qualidades e diga para você o quão incrível você é, provavelmente você duvidará que aquela pessoa está sendo verdadeira, pensará que está querendo te agradar ou querendo algo em troca.

15º. Se ver como inferior

Pior do que não ver suas qualidades é só focar os pontos negativos e se ver como inferior às outras pessoas. Ah, definitivamente, se você fizer isso consigo mesmo, sua autoestima vai lá para o subsolo. Não se inferiorize. Jamais!

Seja realista com você, encare o que não está tão bom e desenvolva; mas o que já for bom você precisa valorizar.

16º. Não acreditar que é uma pessoa merecedora

Atenção a comportamentos do tipo: adora dar presentes, mas não gosta de ganhar; sempre que recebe um elogio, dá alguma resposta negativa, por exemplo:

"Nossa, você arrasou no trabalho".

"Ah, imagina, nem foi tudo isso."

ou

"UAU, você tá linda."

"Sério, eu comprei essa roupa numa promoção, paguei tão barato…".

Atenção a pensamentos e comportamentos que indiquem algo como: "isso não é pra mim"; ou "isso é muito pra mim"; ou "eu nunca esperei ganhar algo assim"; esses tipos de pensamento indicam a crença de que você não é uma pessoa merecedora, e acreditar nisso derrubará qualquer sentimento de valor próprio.

17º. Violência física ou abuso sexual

Antes de entrar neste tópico, preciso te dizer que quando busquei a informação que vou te passar, meu coração se partiu, e não estou exagerando, não; eu fiquei realmente muito mal.

Segundo dados de maio de 2018 da Secretaria Nacional dos Direitos da Criança e do Adolescente, a cada 24 horas, 320 crianças são abusadas. Esse é um número muito grande, e pior ainda é pensar no número de casos de abusos que acontecem e não são quantificados, o que quer dizer que esse número provavelmente seja ainda maior.

Abuso físico e sexual são uma desolação à autoestima. Mas calma, é possível reconstruir. Se não fosse, eu mesma não estaria aqui com você, escrevendo este livro. Sim, eu fui abusada quando eu tinha uns 6 anos por uma prima que foi passar um tempo na casa dos meus pais, e que supostamente deveria cuidar de mim enquanto meus pais e irmãos trabalhavam.

O abuso pode trazer outras consequências indiretas e muito fortes relacionadas à autoestima; para te explicar sobre isso, vou contar quatro casos.

Diana era uma criança linda, divertida, inteligente e que adorava brincar. Filha mais nova, Diana tinha dois irmãos mais velhos, e um deles, quando ela tinha 9 anos, começou a abusar dela. Não foi nem uma nem duas vezes, mas várias.

Diana foi se fechando. Passou a ser uma menina e adolescente calada, séria, fechada e passou a engordar rapidamente. Conforme ela engordava, percebeu que seu irmão a rechaçava e os abusos, antes frequentes, começaram a se espaçar.

Diana engordou mais de 20 quilos e se tornou uma adolescente obesa.

Celina era uma criança linda, alegre, brincalhona e superdócil, até que, com 5 anos, começou a ser abusada pelo irmão mais velho. O abuso perdurou até sua adolescência...

Celina passou a ser uma criança fechada e depois de jovem uma mulher mais masculinizada, mandona e com uma personalidade muito forte, porém, ao mesmo tempo, usava de uma sensualidade excessiva em seus relacionamentos com os homens.

Ela queria muito ter um relacionamento sério e duradouro, mas nunca conseguia...

Thiago era um menino de 9 anos, forte, sorridente, bem-humorado, educado, obediente e muito lindo. Por onde passava as pessoas diziam: "Gente, que menino mais lindo". Mas tudo isso mudou quando passou a ser abusado pelo tio, que tinha somente 12 anos e que supostamente ia na sua casa para brincar com ele. Thiago passou a ter comportamentos agressivos, gritar com os pais e ir mal na escola.

Bruno era apenas mais um dos meninos que morava num prédio no centro da cidade, um prédio de classe AB e muito bem-visto. Ele descia para brincar com as outras crianças, até que os amigos mais velhos começaram a abusar dele. Bruno, para se vingar, começou a fazer o mesmo com as crianças mais novas.

Com o passar do tempo, Bruno não conseguia se relacionar com ninguém e, ao mesmo tempo, tinha uma vontade gigante de ter uma namorada. Ele não se achava digno nem merecedor.

Eu, infelizmente, teria inúmeros outros casos para contar, mas o ponto aqui é a reflexão: o que todos eles têm em comum? Todos passaram a ter dificuldades de se amar, de saber que tinham valor, de acreditar que mereciam e eram dignos, e três com problemas sérios de relacionamento amoroso.

Se você já sofreu algum tipo de abuso, eu, de coração, sinto muito, muito mesmo.

Se você um dia já abusou de outra pessoa, perdoe-se e, se possível, peça perdão para quem você machucou. Hoje você sabe quão mal isso faz e está aprendendo a como reconstruir sua estima e seu valor.

Chegou o tempo de reconstruir!

18º. Violência verbal

Não somente o abuso físico e sexual podem causar danos psicológicos e destruir a autoestima, mas também a violência verbal. Esse tipo de violência pode surgir de forma visível ou camuflada.

Mas o que é violência verbal?

É um comportamento de comunicação agressiva no qual as palavras ditas têm a intenção direta ou indireta de causar algum dano ao outro, como ridicularizar, ameaçar, manipular ou até mesmo humilhar a pessoa.

Em uma comunicação violenta, é comum encontrar características como um clima pesado, como se fosse um ataque. A conversa nunca é leve e tranquila; quem é agredido não consegue se expressar, pois tem sempre a sua fala interrompida. O agressor, por sua vez, pode ter dois extremos: falar alto demais, como se estivesse gritando, ou num tom bem suave, porém ao mesmo tempo intimidador; quem ouve se sente invadido e comumente sai sem energia após a conversa, como se houvesse um esgotamento emocional. Os comentários são depreciativos, diminuem a autoestima e a autoconfiança do outro.

Frases com xingamentos, ou ameaças, ou algum tipo de ordem, ou ainda julgamento, por exemplo:

"Só um idiota faria o que você fez".

"Você não prestou atenção... você é uma idiota mesmo."

"Se você não melhorar isso, talvez um dia você chegue do trabalho e não me encontrará em casa."

"Estou falando sério, você tem dez minutos pra fazer isso, senão vou jogar suas coisas pela janela."

"Quantos anos você tem? Cinco?", se referindo a um adolescente, jovem ou adulto.

"Você tem problema mental, só pode."

Podemos encontrar comunicação violenta também numa crítica, na qual quem fala diminui a outra pessoa, mas após a crítica ela complementa sua fala, dizendo assim: "estou falando isso para seu próprio bem".

Além da crítica, percebe-se a comunicação violenta em situações em que o agressor acusa o outro por algo que ele fez, por exemplo: "Eu só te traí porque você se importa mais com o seu trabalho do que comigo". E também em situações nas quais há banalização (o agressor fala algo que indica que o que a pessoa fez foi ridículo ou insignificante) ou em piadas disfarçadas (uma piada que não é engraçada e que ainda fere a outra pessoa).

19º. Abandono

O abandono por parte de um ente querido pode afetar a autoestima. Um dia, a pessoa abandonada pode questionar: "por que me abandonaram?"; ou pode vir a concluir: "não sou boa o suficiente, senão não teriam me abandonado".

20º. Engolir sapos

O que é engolir sapos para você?

Engolir sapos quer dizer, por exemplo, querer dizer algo e não falar nada; ter uma opinião diferente da outra pessoa e não expressar para não arrumar discórdia; não gostar de algo que foi feito e aceitar calado. Engolir sapo é engolir aquilo que deveria ser dito. Dito não de qualquer jeito, mas de uma forma assertiva; engolir sapo é prejudicial à saúde! Já falei para você, carne de sapo é indigesta! Cuidado!

21º. Autocrítica

No início do capítulo, eu disse que eu iria compartilhar com você 21 comportamentos destruidores de autoestima e que o último seria um comportamento megadestruidor: é a autocrítica.

Ninguém de fora pode te fazer tão mal quanto você mesmo.

Você pode ser seu pior agressor, seu pior juiz e fazer julgamentos com sentenças que acabem com sua energia interna. Você é seu pior crítico. Por isso eu te pergunto:

Como está, hoje, o volume da sua voz crítica? Será que está alto ou baixo?

Todo ser humano tem uma voz crítica. Você tem, eu tenho, sua família tem... E, atenção, não estou me referindo àquela voz que te leva a prestar atenção e dar o melhor de si, estou me referindo à voz que sempre te cobra, que diz que você não fez mais do que sua obrigação, que diz que você deveria ter feito melhor, que se você tivesse se esforçado mais...

Estou me referindo à voz que:

Se você for mulher diz: "Ah, se eu fosse homem...".

Se você fosse homem diz: "Ah, se eu fosse mulher...".

Se você é jovem diz: "Ah, se eu fosse mais velho...".

Se você é mais velho diz: "Ah, se eu fosse mais jovem...".

Para essa voz, nada do que você faz ou é está bom. Essa voz não celebra, não vibra com as conquistas, não comemora, não se rejubila. Essa voz não curte o momento presente, ela foca o futuro, o que está por vir ou, pior, o que já aconteceu no passado e o que não foi bom e, é claro, a culpa é sua, porque "se você tivesse feito diferente, não estaria assim hoje".

Essa voz gera, com frequência, sentimentos de chateação consigo mesmo, como inutilidade, tristeza, fracasso, insuficiência, desamparo, exaustão emocional, vazio e depressão; essa voz mina sua autoestima, sua confiança e seu autorrespeito.

Por isso eu volto a perguntar:

Qual é o volume da sua voz crítica? Será que ela não está muito alta e precisando abaixar?

Lembre-se:

- ♡ as palavras são importantes e os julgamentos que as acompanham são ainda mais importantes do que as próprias palavras;
- ♡ estamos o tempo todo nos comportando e aprendendo com o comportamento dos outros, e esses comportamentos podem ser destruidores ou impulsionadores da autoestima;
- ♡ 21 comportamentos destruidores da autoestima:

1. Comparação
2. Esperar a aprovação dos outros
3. Esperar demais dos outros
4. Colocar o outro sempre em primeiro lugar
5. Fazer de tudo para agradar ao outro
6. Competição em excesso

7. Pensar que você não é capaz
8. Guardar rancor ou mágoas
9. Focar só o futuro ou só o passado
10. Conviver com pessoas destrutivas
11. Autodepreciação
12. Não se considerar uma pessoa adequada
13. Não acreditar em si mesmo
14. Não enxergar suas qualidades
15. Se ver como inferior
16. Não acreditar que é uma pessoa merecedora
17. Violência física ou abuso sexual
18. Violência verbal
19. Abandono
20. Engolir sapos
21. Autocrítica

Sei que já confessei várias coisas no decorrer deste livro, mas vou confessar mais uma... Foi muito difícil escrever este capítulo. De todos, até agora, este foi o mais desafiador. Mexeu comigo rever alguns casos e escolher quais eu iria compartilhar... mexeu comigo rever coisas que eu já fiz comigo mesma e que outras pessoas fizeram.

É... se desenvolver e contribuir no desenvolvimento do outro é um processo contínuo, e alguns momentos podem não ser fáceis, mas é preciso olhar para si e ver o que não está bom, ver o que precisa ser limpo, para depois passar um remédio e ser curado... para depois que tirarmos os aprendizados, aí sim, nos colocarmos em ação. Em ação para vivermos nossa melhor versão, e fazer valer a pena esse negócio chamado VIDA!

Agora chegou a sua vez...
Escreva aqui quais foram os seus aprendizados neste capítulo.

....
....
....
....
....
....
....
....
....
....

E, com tudo o que você aprendeu, quais serão as suas ações?

....
....
....
....
....
....
....
....
....
....
....

Lembre-se de que você pode compartilhar comigo quais foram seus aprendizados, eu ficarei imensamente feliz!

CAPÍTULO 7

Destruidores da autoestima de outra pessoa

No capítulo anterior, conhecemos os destruidores da própria autoestima, agora vamos descobrir quais comportamentos, se você os praticar, irão destruir a autoestima das pessoas ao seu redor.

Aqui eu me refiro às pessoas que você quer bem; ou seja, vamos ver juntos quais são os comportamentos que, se você fizer, vão prejudicar a autoestima das pessoas que você ama. E eu tenho certeza de que você não quer destruir quem você ama.

Para começar, lembra a história que eu contei sobre o Roberto, que disse ao filho Henrique: "Meu filho, você é terrível". Você se lembra? O mesmo vale aqui, "as palavras são importantes, mas os julgamentos que as acompanham são ainda mais importantes do que elas". Isso significa que em algum momento você pode dizer em meio a palavrões, por exemplo: "C*R*LH*, cara, p*t* que pariu... Você é muito F*D*", e isso pode ser um superelogio! As palavras são importantes, mas, apesar disso, a forma como elas são ditas é crucial para seu significado ser positivo ou negativo.

Vou compartilhar 17 comportamentos destruidores da autoestima do outro, e, é claro, eu deixei os dois mais tensos para o fim desta lista.

COMPORTAMENTOS DESTRUIDORES DA AUTOESTIMA DE OUTRA PESSOA

Alguns dos comportamentos citados no capítulo anterior também se encaixam nesta lista, e, por já tê-los explicado, vou me ater a dar mais detalhes nos que serão novos.

1º. Expectativas altas demais × zero expectativas

Você se lembra de que a autoestima está ligada ao sucesso de uma pessoa? E que uma pessoa pode ser "bem-sucedida" externamente, mas, ainda assim, não se sentir internamente bem consigo mesma e não se gostar? Pois é, o sentimento interno de ser um fracassado está, na maioria das vezes, ligado a uma expectativa alta demais dos pais ou educadores. Muitas famílias vivem em pressão constante de que tudo deve ser sempre feito da melhor forma possível, buscando a perfeição.

É ruim querer que seu filho faça o melhor sempre? Será que isso quer dizer que o melhor é não ter expectativas, ou que não devemos desejar que os filhos deem o seu melhor?

Não, não é isso. Existe o perigo das expectativas altas demais e também, o perigo de ter zero expectativa. Para entender isso, vamos a uma história…

Carlos tem 5 anos e mede sua capacidade mediante os padrões que os adultos lhe oferecem. Ele atribui o seu valor próprio a se ele atende ou não, se satisfaz ou não as expectativas de quem cuida dele; no caso, a expectativa de seus pais.

Um ponto considerável é que a necessidade de aprovação de Carlos é diferente em relação ao pai e à mãe. O que quero dizer com isso é que Carlos dá mais importância à opinião de um do que a do outro. Na verdade, toda pessoa busca mais um amor na vida, ou busca mais o amor do pai ou o amor da mãe; busca mais ser aprovado, reconhecido e querido por uma figura… e, no caso de Carlos, era a figura do pai.

Não existe uma regra como: menino busca mais o amor do pai e menina o da mãe, ou vice-versa; não, não é assim que funciona. E também não tem nada a ver com "ah, se ele busca mais o amor do pai, quer dizer que ele nega ou não gosta da mãe"; não, nada a ver isso também.

Em especial, nesse caso, Carlos buscava mais o amor do pai, por isso ele se dedicava tanto a ter atenção com coisas que eram importantes para o pai, e, infelizmente, para isso acabava abrindo mão do que realmente gostava e lhe fazia bem.

O pai sonhava que Carlos fosse um menino prodígio na escola, aquele aluno estudioso que se destaca pelas notas, que anda todo arrumadinho... Porém, por mais que ele se esforçasse – e, acredite em mim, ele se esforçava muito –, não alcançava nem de perto os altos padrões estabelecidos pelo pai.

Não é que o pai não o amasse, mas, sem perceber, colocava para ele uma aprovação condicional, isto é, "corresponda às minhas expectativas de filho ou não terá a minha estima, o meu amor".

Carlos raramente, mas raramente mesmo, quase nunca, na verdade, recebia elogio do pai, algumas poucas vezes recebia da mãe; e isso foi gradativamente danificando a autoestima de Carlos, até que na sua adolescência ele começou a fumar e a beber muito. E, na vida adulta, apesar desses comportamentos terem melhorado, pois Carlos buscou se desenvolver, ele tinha uma grande necessidade de reconhecimento, como se fosse mais carente do que os outros, como se tivesse um vazio dentro dele, uma necessidade a mais de ser elogiado (no capítulo 9 falaremos sobre carência).

Se a expectativa dos pais for alta demais e a criança por diversas vezes não conseguir alcançá-la, ela vai se sentindo incapaz e mais incapaz, até que uma hora ela possivelmente vai concluir: "sou uma pessoa inútil, mesmo".

Se uma pessoa cresce com esse sentimento de incapacidade e pensamento de inutilidade, ela infelizmente tem grandes chances de se envolver com vícios, desde o uso de álcool até o de drogas ilícitas. A busca por substâncias como o álcool ou drogas acontece pelo desejo da pessoa de fugir da realidade e ou, ao mesmo tempo, pelo desejo de, pelo menos em algum lugar, ser admirada, mesmo que em um grupo de pessoas que consumam drogas, por exemplo.

Mas será que esse lance das expectativas funciona somente na fase da infância e da adolescência?

A resposta é não.

Vamos a mais uma história.

Jorge é casado com Helena e estão juntos há mais de quinze anos. Olhando de fora, eles parecem um casal feliz e de sucesso, têm uma casa maravilhosa, três filhos lindos, educados e inteligentes. Sabe aquela família de propaganda de margarina? Todos felizes e sorridentes, sentados à mesa do café da manhã? Parecia isso, mas não era.

Jorge era dono do próprio negócio, e Helena tinha uma carreira corporativa de destaque global e com frequência era convidada para dar palestras em vários congressos; sem contar que ela ganhava cinco vezes mais do que Jorge. Além disso, ela tinha doutorado e sempre investia nos seus estudos e desenvolvimento.

Até aí tudo bem, mas o que não estava nada bem era o fato de que ela deixava claro para Jorge que não esperava nada mais dele, pois era de se entender que uma pessoa que não tivesse estudo e que não investisse em se desenvolver não cresceria e não prosperaria financeiramente.

É de se imaginar que isso só deixava Jorge ainda mais desanimado e sem vontade nenhuma de se esforçar, isso minava sua força vital e sua autoestima.

Cuidado! Cuidado com altas e nulas expectativas. Isso pode destruir quem você ama!

2º. Comunicação agressiva

Para esse comportamento, eu gostaria que você se lembrasse do tópico sobre violência verbal do capítulo anterior, dado que ele se encaixa aqui; e não somente isso, mas a comunicação agressiva está ligada ao próximo, à comunicação não verbal, e, também, à acusação.

Como assim "acusação"?

Para explicar, vamos a um breve exemplo.

Na comunicação agressiva ouvimos com facilidade a palavra "você", a qual é muito aplicada em acusações. Exemplos:

- ✓ "Você chegou atrasado".
- ✓ "Você não fez direito."
- ✓ "Você deve estar de sacanagem comigo..."
- ✓ "Você nunca me ouve..."
- ✓ "Você não muda nunca..."

Você... Você... e mais você. Nunca é a própria pessoa, é sempre o outro. Foi o outro quem errou, foi o outro quem deveria ter feito e não fez. Se brigaram, foi porque o outro provocou, nunca a própria pessoa. Em uma comunicação agressiva, o agressor comumente joga toda a responsabilidade nas costas da outra pessoa.

O agressor usualmente fala alto, praticamente gritando, tem um olhar como se estivesse fuzilando o outro, tem uma postura intimidadora... é como se a pessoa crescesse quando fosse falar algo, é como se assumisse a posição de um leão raivoso e pronto para o ataque. Detalhe: ataque a um gatinho filhote... O agressor continuamente interrompe a fala do outro e faz com que este se sinta uma verdadeira porcaria.

O que isso faz com a autoestima de quem recebe a agressão?

Vai sendo destruída pouco a pouco.

Vale ressaltar que a comunicação agressiva não acontece somente na vida pessoal; ela acontece, e muito, na vida profissional. Mas às vezes de forma mais camuflada.

3º. Comunicação não verbal

Algumas coisas não precisam ser ditas para destruir a autoestima de alguém, a sua postura já pode assim o fazer. Aquilo que você não disse com sua voz, mas disse com todo o resto do seu corpo, tem um forte impacto;

pesquisas apontam que o impacto da comunicação não verbal é muito maior do que a verbal. Pensando nisso, vou destacar dois comportamentos de comunicação não verbal que são muito destruidores:

1. Cruzar os braços, cerrar os lábios e erguer uma sobrancelha.
2. Bufar, ao mesmo tempo em que revira os olhos.

Imagina que eu, Gislene Isquierdo, estou conversando com você, e você começa a me contar uma ideia nova que teve e está superfeliz e empolgado; inclusive, antes, você estava doido de vontade de me contar e estava numa superexpectativa com a minha opinião...

Conforme você vai falando, eu tenho, por exemplo, o comportamento não verbal número 2...

Você falou, eu bufei e revirei os olhos. Como você se sentiria?

A. Superamado e querido por mim
B. Feliz e satisfeito
C. Rejeitado e uma porcaria
D. Ficaria bravo comigo

Imagino que a sua resposta não deve ter sido nem a letra A nem a letra B, acertei? Imagino que tenha sido a letra C ou a D. Nenhuma dessas reações que o meu comportamento gerou em você fortalece a nossa relação e muito menos a sua autoestima. Por isso, cuide da sua comunicação não verbal! O seu corpo fala, e fala tanto, tanto que algumas vezes fala sem o seu consentimento; fala sem nem você se dar conta.

4º. Competição em excesso

Os relacionamentos emocionalmente saudáveis não têm por base a competição, mas sim a cooperação. É com cooperação que os relacionamentos crescem e florescem. Vale a pena refletir se nas suas relações você está mais competindo ou cooperando. Já vi casos de pais competirem com os filhos, tios competirem com os sobrinhos, um casal competir entre si, e por aí vai... Isso não é saudável.

Pensando sobre competição e associando os dois comportamentos anteriores, comunicação agressiva e comunicação não verbal, quero compartilhar algo de que, quando falo sobre esse tema, sempre me recordo.

Estou me referindo a um dos melhores textos que já li na minha vida, do maravilhoso educador e poeta Rubem Alves. O texto se chama *Analogias do amor: tênis ou frescobol*, e eu gostaria muito de compartilhar com você um recorte desse texto.

Ao ler o texto, quando você encontrar as palavras "casamento" ou "casal", gostaria que você pensasse em "relacionamento" de uma forma geral, ok?!

Vamos lá! Com muito amor e respeito, segue o texto de Rubem Alves:*

Para começar, uma afirmação de Nietzsche, com a qual concordo inteiramente. Dizia ele:

"Ao pensar sobre a possibilidade de casamento, cada um deveria fazer a seguinte pergunta: Crê que seria capaz de conversar com prazer com esta pessoa até a sua velhice?".

Tudo o mais no casamento é transitório, mas as relações que desafiam o tempo são aquelas construídas sobre a arte de conversa.

Reflita se você está jogando tênis ou frescobol em suas relações e lembre-se: competição em excesso não é saudável.

5º. Colocar o outro sempre em primeiro ou último lugar

Sei que você pode amar muito, mas muito mesmo uma pessoa; sei que você, de repente, pode amar tanto, que se preciso fosse daria a sua vida

---

* Trecho retirado do livro *Retratos de amor*, Rubem Alves, Editora Papirus, 2002.

por ela. Mas acredite em mim, colocá-la sempre em primeiro lugar não vai ajudá-la a construir segurança em si mesma e ser feliz; pode, pelo contrário, fazer com que ela se torne mimada e tenha sérios problemas de relacionamento no futuro.

Como eu disse no capítulo anterior, quando eu falei sobre colocar o outro sempre em primeiro lugar, é sempre importante encontrar o equilíbrio; uma vez você se coloca em primeiro lugar, na outra vez, o outro, e assim segue seu caminho e seu relacionamento: com equilíbrio!

6º. Guardar rancor e mágoas

Nossos sentimentos interferem nos nossos comportamentos, então, se você está com mágoa de alguém, esse sentimento vai interferir nos seus comportamentos com a pessoa, mesmo que você não perceba. Você não vai olhar da mesma forma, escutar da mesma forma, abraçar da mesma forma.

Se a pessoa que você ama te feriu, já pediu desculpas e está com novos e melhores comportamentos (não adianta errar, pedir desculpas e continuar fazendo tudo igual, errando mil vezes mais), não guarde rancor nem mágoa. Além de esse sentimento te ferir (lembra que no capítulo anterior eu falei sobre a pedra de carvão?), vai ferir quem você ama e irá desgastar a relação.

Agora, se você se perguntou: "Beleza, Gi, como é que eu faço isso?"; aguarde o próximo capítulo.

7º. Falar muito do passado ou do futuro

Se ao conviver com quem você ama, você ficar o tempo todo relembrando o passado, seja de forma negativa, relembrando os erros (o que é péssimo para o outro, para você e também para a relação), ou até mesmo relembrando positivamente, por exemplo: "Porque quando a gente se conheceu você não era assim...", "Gostava mais de quando você...", esses comportamentos vão fazer com que a outra pessoa sinta-se desvalorizada no presente, vai levar a autoestima dela lá para o subsolo.

O mesmo vale quando só se fala no futuro. Sonhar, fazer planos, estabelecer objetivos é ótimo, mas, se você ficar falando o tempo todo do futuro, acabará não curtindo o presente, que, para falar a verdade, é a única coisa que você realmente tem.

Diante disso, te convido a analisar onde você tem vivido mais: no passado, no futuro ou no presente? Do que você tem falado mais? Sobre o passado, o futuro ou o presente?

8º. Violência física

Infelizmente muitos pais, educadores, irmãos mais velhos, tios, avós usam de violência física com o intuito de corrigir o comportamento de uma criança, por exemplo. Mas será que é realmente eficaz? Será que "palmadas" geram resultado?

Talvez você conheça alguém que tenha apanhado quando criança por ter feito algo de errado, alguma arte, desobedecido e mesmo depois de ter apanhado continuou fazendo mesma coisa. Isso acontece porque bater é uma prática ineficaz para a mudança de comportamento.

Só vou te falar uma coisa sobre esse ponto: se agredir alguém fisicamente fosse a mesma coisa que corrigir, nós teríamos muito menos coisas erradas no mundo e muito menos pessoas nas prisões.

Apanhar gera muitos, mas muitos, sentimentos negativos, e nenhum positivo, absolutamente nenhum. Se você alguma vez usou desse meio, peça perdão, se perdoe e busque melhorar sempre.

9º. Fazer *bullying*

Você já viu no capítulo anterior que a violência verbal é altamente prejudicial para a autoestima, e o *bullying* é um ato de violência verbal, física e psicológica. Comportamentos como intimidar, humilhar, xingar ou fazer piadas de outra pessoa é algo que agride a autoestima. Não faça isso.

"Ah, mas era só uma brincadeirinha."

Brincadeirinha pra quem? Rir com alguém é legal, mas rir de alguém, não.

E, por último, tome cuidado com apelidos. Há quem goste e há quem deteste. Há apelidos carinhosos e pejorativos, insultuosos, depreciativos. Cuidado!

10º. Não ser lembrado

Se você quiser fazer com que a outra pessoa se sinta péssima, rejeitada e destruir a autoestima dela, é agindo como se tivesse se esquecido dela.

Veja alguns exemplos:

- ✓ "Puxa, desculpa! Eu fiquei de te ligar, mas esqueci. É que eu tinha muita coisa pra fazer".

    Mensagem nas entrelinhas:

    "Você não é tão importante comparado às outras coisas que eu tinha para fazer".

- ✓ "Nossa, foi seu aniversário e eu nem me lembrei! É que o dia foi tão corrido…".

    Mensagem nas entrelinhas:

    "Você não é tão importante para mim, sua vida não vale nem um lembrete de aniversário na minha agenda".

- ✓ "Foi mal, larguei você me esperando. Perdi a hora fazendo outras coisas…".

    Mensagem nas entrelinhas:

    "Você não é tão importante comparado às outras coisas que eu tinha para fazer".

Esquecer uma vez ou outra, tudo bem. Quem nunca, não é mesmo?! Mas esquecer com frequência é complicado! Quando isso acontece, a mensagem que você passa é de não se importar.

Se a sua memória não é das melhores, use a tecnologia a seu favor e coloque lembretes, marque na agenda, use post-its, sei lá… Mas faça algo!

11º. Criticar

Sim, criticar destrói a autoestima. Um ambiente envolto de críticas é um ambiente negativo e não promove bem-estar nem qualidade de vida, muito menos um ambiente de amor e respeito. Se você quer bem a alguém, não critique a pessoa!

"Mas, Gi, e se for uma crítica construtiva?"

Boa pergunta!

Imagina que você trabalhe comigo e que eu passe pela sua mesa, olhe nos seus olhos e diga:

"Venha até a minha sala que eu quero fazer uma crítica construtiva pra você".

Como você se sentiria? O que você pensaria?

A. Feliz da vida! "Uhulll! A Gi me chamou pra sala dela!"
B. Supermotivado! "Yessss! Até que enfim esse dia chegou!"
C. Com medo. "Eita, o que será que eu fiz?"
D. Tenso. "P*t* que par*u. F*d*u."

Imagino que você não escolheu a opção A nem a opção B, mas olha só... eu disse somente: "Venha até a minha sala que quero fazer uma crítica construtiva". Não era uma crítica negativa, por que você ficou com medo ou tenso?

Crítica é crítica! Cuidado! Apenas o uso da palavra "crítica" em si já pode gerar no outro um estado emocional negativo e colocá-lo na defensiva; imagina um relacionamento repleto de criticismo? Com certeza será um relacionamento péssimo e destruidor.

12º. Não acreditar ou menosprezar o potencial do outro

Nenhuma pessoa nasce pronta, todas se desenvolvem ao longo do percurso; mas para esse desenvolvimento acontecer é preciso que a pessoa teste, experimente e use seu potencial. Algumas coisas serão mais fáceis para uns e mais desafiadoras para outros. Vou dar um exemplo.

Usain St. Leo Bolt nasceu em 1986 e apenas seis anos depois nasceu Alan Fonteles. O que eles têm em comum? Ambos são apaixonados pela corrida e já ganharam medalhas de ouro por isso. Mas o que os dois têm de diferente? Bolt tem as duas pernas e Alan, não (com menos de um mês de vida, perdeu as duas pernas); pensando por esse lado, para Bolt correr é bem mais fácil, mas isso não quer dizer que, por ser mais desafiador, Alan também não possa correr.

Não importa a condição física de alguém, não diga a ela que ela não é capaz, isso poderá destruir a autoestima e autoconfiança dela.

Não acreditar no potencial ou menosprezar o potencial de quem você ama é um tiro direto no seu coração e na sua alma. Não faça isso!

13º. Mostrar que o outro não é bom o suficiente

Esse comportamento se confunde com o comportamento citado anteriormente e de fato um está bem próximo do outro; mas quero te contar uma história.

Isabel tem 11 anos e é uma menina magrinha e baixinha, filha de mãe solo e que mora de favor na casa da avó, que está doente e acamada.

A sua mãe a acorda bem cedinho, pois ela sai às 5h da manhã para ir trabalhar e Isabel cuida da casa e da avó com muito carinho e zelo. Quando o relógio marca 7h, Isabel pega sua mochila e vai para a escola, e lá, além de aprender muito, ela conversa bastante com suas amiguinhas sobre o seu sonho de ser professora.

Quando sai da escola, vai direto para casa, esquenta o almoço, serve sua avó e limpa a casa toda. Quando sua avó se sente melhor e consegue sair da cama, Isabel a ajuda a fazer bolachinhas caseiras e depois sai pelo bairro para vendê-las de porta em porta.

Um dia, Isabel resolve contar para a mãe sobre o sonho de ser professora, e a mãe diz:

"Ah, Isabel, minha filha. Você tem que trabalhar e trazer dinheiro pra casa. Para ser professora você tem que estudar muito. Não vai dar, não. Se você tivesse nascido em outra família, talvez... Além disso, você é muito baixinha e magrinha, ninguém vai te respeitar. Se você fosse mais alta, mais forte...".

O uso da expressão "se você fosse" mostra que Isabel não é ou não tem o suficiente para realizar seu sonho, portanto isso não a ajuda a se valorizar.

E, embora esse exemplo seja o de uma criança, isso também acontece com os adultos; e apesar também de a história ter sido contada sobre uma família de baixa renda, isso pode acontecer em famílias muito ricas.

Se você ama a pessoa e quer o seu bem, por favor, não diga a ela que ela não é boa o suficiente. Isso vai minar seu autovalor.

14º. Focar o negativo ou a falta

Evidenciar muito mais o comportamento inadequado do que o adequado destrói a autoestima; e/ou focar o que faltou ser feito, e não o que foi feito, também destrói. Vamos a alguns casos.

- ✓ "Nossa, você tirou 8 na prova, mas por que não tirou 10?"
  Desmereceu os 8 e focou os 2 pontos que faltaram.
- ✓ "Você lavou a louça, mas esqueceu de limpar a pia..."
  Não valorizou o monte de louça que foi lavada, e bem-lavada, e focou só a pia que não foi limpa.
- ✓ "Você arrumou a casa, mas não limpou o quintal..."
  Desmereceu o que foi feito e focou o que não foi feito.
- ✓ "Por que você não é carinhoso?"
  Desmereceu as outras características positivas e, pior, deve ter comparado a outra pessoa, mesmo que mentalmente (em breve falarei sobre comparação e seu potencial de destruição).
- ✓ "Do que adianta eu pagar a melhor escola pra você se sua nota em Matemática e Inglês foram péssimas?"
  Inferiorizou todas as outras matérias em que a criança foi bem e ressaltou as duas nas quais não foi bem.

- ✓ "Você ainda não entregou o relatório?"
A pessoa não entregou o relatório porque, por acaso, estava passeando? Não, ela não entregou o relatório ainda porque estava fazendo outras coisas do trabalho, mas isso não foi valorizado.

Como você imagina que a pessoa que recebe esses tipos de comentários se sente? Valorizada ou desvalorizada? Com certeza, desvalorizada.

Importante: lembre-se de que o problema não é dizer isso uma única vez, ou esporadicamente; o que causa um estrago na autoestima são a repetição e a frequência desse tipo de comportamento. E se você, alguma vez, disse algo semelhante para quem você ama, tudo bem, já foi, está no passado; a partir de agora vamos fazer diferente e já sabe, se for preciso, peça perdão.

15º. Julgar a pessoa e não o seu comportamento

Julgamentos negativos transformam você em um espelho de reflexos negativos. Julgar gera o sentimento de culpa, e a culpa é o sentimento que está no centro de muitos desequilíbrios emocionais e psicológicos.

Um julgamento feito direto para a pessoa gera o sentimento de impotência. Vamos aos exemplos.

- ✓ Julgamento sobre a essência da pessoa: "Você é preguiçoso".
  Sentimento: Impotência.
  Pensamento: "Sou preguiçoso mesmo. Como vou fazer diferente, se eu sou assim?".
- ✓ Julgamento sobre a essência da pessoa: "Caramba, viu! Como pode ser tão desorganizado?!".
  Sentimento: Impotência.
  Pensamento: "Como vou fazer diferente e ter sucesso se eu sou desorganizado?".

✓ Julgamento sobre a essência da pessoa: "Você é muito tímido, sempre foi, desde bebezinho!".
Sentimento: Impotência.
Pensamento: "Como vou fazer para me comunicar melhor? Não tem jeito, eu sou muito tímido".

Se você quer que a pessoa se sinta impotente e mal por ser quem ela é, continue fazendo isso; se não, mude isso agora (no próximo capítulo vou te falar como mudar).

16º. Falta de elogio e reconhecimento

Toda pessoa gosta de ser elogiada e reconhecida. Algumas gostam muito e outras menos, mas todas gostam, e sabe por quê? Porque um elogio sincero fortalece a autoestima e o amor-próprio. É uma força vital para o ser humano.

Vamos fazer uma lista de quem você ama e quer bem. Uma lista de pessoas que você aprecia e admira.

Escreva aqui o nome de todas as pessoas que você ama e quer bem:

....
....
....
....
....
....
....
....

Muito bom! Agora pense qual foi a última vez que você elogiou cada uma dessas pessoas. Será que está precisando melhorar e aumentar a frequência desse comportamento na sua vida?

Falando em falta de elogio, outro dia me perguntaram se elogiar demais pode estragar uma pessoa. E a resposta é: depende. Depende do momento, depende do objetivo, depende da genuinidade do elogio.

Depende do momento, pois há momentos em que elogiar pode causar constrangimento, e aí a consequência seria mais negativa do que positiva. De repente, o momento ideal não seria em público.

Além disso, pode ser que a ocasião peça mais uma conversa no estilo *feedback* de melhoria do que um *feedback* positivo (elogio) propriamente dizendo (falarei mais para a frente sobre isso e será um capítulo UAU, que você poderá usar em todos os seus relacionamentos).

Depende do objetivo, isto é, se o propósito do elogio não for reconhecer e enaltecer, mas fazer a criança parar de fazer uma birra, por exemplo (chorar desnecessariamente), e para conseguir isso a mãe diz:

"Ah, por que você está chorando? Você é tão bonita! Criança bonita não chora".

Primeiro que esse não é um elogio eficaz, pois vem com uma condicional: "criança bonita não chora", e isso a longo prazo pode fazer um estrago gigantesco, permitindo à criança formular essa regra e isso levá-la a sofrer quando for adulta.

O objetivo do elogio deve ser um só: enaltecer, reconhecer, elevar, valorizar a pessoa.

E depende da genuinidade do elogio porque, se o elogio não for verdadeiro e autêntico, a outra pessoa vai perceber e o resultado pode ser o oposto.

Nos próximos capítulos vou compartilhar com você o método do "elogio UAU" e lançar um desafio que vai trazer muitas consequências positivas para sua vida e seus relacionamentos. Aguarde!

17º. Comparação

Quer acabar mesmo com alguém? Compare-o a outra pessoa e diminua-o. Ah, isso destrói o sentimento de valor próprio, destrói na alma!

Vou te contar um caso que me dói o coração.

Leo e Gustavo são primos e têm uma diferença de somente um ano entre eles. Seus pais são irmãos e se amam demais, fato que facilitou o relacionamento saudável entre os primos, que sempre estavam juntos.

Quando crianças, cresceram próximos e brincavam muito. Brincavam de carrinho, de esconde-esconde. Eles eram cúmplices e protetores um do outro, quando um fazia arte o outro acobertava, e vice-versa. E, quando a arte era feita em conjunto, um não dedurava o outro.

Até que, na adolescência, algo começou a estremecer a relação entre os dois, e Leo passou a se afastar de Gustavo.

Gustavo não sabia ao certo o que havia acontecido e começou a se questionar se tinha feito algo de errado. Após muito analisar, percebeu que não, que ele não havia feito nada que pudesse ter levado o primo amado a se afastar dele.

Gustavo conversou com Leo e perguntou se ele tinha feito alguma coisa, e Leo respondeu:

"Não, você não fez nada".

Gustavo então chegou à conclusão de que se ele não havia feito nada, mas mesmo assim Leo estava mais distante e continuava a se afastar, o problema só poderia ser um: o próprio Gustavo.

Gustavo insistiu em retomar a amizade e continuou indo à casa do primo para jogar videogame e bola, mas agora Leo não queria fazer mais nada disso com ele. Leo dizia:

"Não estou a fim. Prefiro ver vídeo no YouTube".

Gustavo chegou a pensar:

"Ah, ele perdeu o interesse em jogar bola e brincar de videogame... Deve ser porque ele é mais velho e já está em outra".

Isso momentaneamente acalentou seu coração, até que ele começou a ver as redes sociais dos amigos de Leo e se deparou com várias fotos deles jogando bola e também videogame. Momentos para os quais Gustavo não havia sido convidado.

Conclusão de Gustavo: "é... realmente eu sou o problema".

Com isso, a autoestima de Gustavo começou a baixar e ele passou a questionar o seu valor.

Importante saber que isso aconteceu porque na fase da adolescência, por mais que a família possa ser fonte de reflexos positivos, os relacionamentos sociais com pessoas admiradas e principalmente da mesma idade têm um peso muito grande.

O pai de Gustavo começou a perceber que tinha algo de errado com o filho e foi conversar com ele. Gustavo, com a postura cabisbaixa e a voz estremecida, disse que sentia falta do primo e que não queria ir mais à casa de Leo. O pai foi perguntando e perguntando até descobrir o motivo pelo qual muito possivelmente Leo havia se afastado.

Leo tem um pai muito parceiro e que sempre busca fazer as coisas com ele, busca sempre elogiá-lo e reconhecê-lo; mas Leo não tem essa mesma relação com a mãe.

A mãe de Leo tinha altas expectativas para ele, e ele não conseguia atingir essas expectativas; além disso, a mãe com frequência comparava seu filho ao primo, engrandecendo Gustavo e diminuindo Leo.

Esses comportamentos de comparação sempre existiram, mas foram ficando cada vez mais acentuados. No início era algo como:

"Nossa, o Leo andou só com 1 ano e 2 meses... O Gustavo com 11 meses já andava".

"O Gustavo já sabe escrever o próprio nome, o Leo ainda não."

"O Leo dá um trabalhão para dormir. Bem que ele poderia ser igual ao Gustavo, viu... Deitar e dormir."

E depois foi se tornando algo como:

"Leo, por que você não estuda com o Gustavo? Ele é muito bom em Matemática e pode te ajudar".

"Mas, mãe, ele é um ano mais novo do que eu. Ele está em uma série antes da minha."

"Ah, mas juntos pelo menos você pode aprender como ele se organiza pra estudar. Afinal, as notas dele são muito melhores do que as suas."

"Leo, bem que você poderia aprender algo com seu primo, viu... Nossa, Bernadete (a vizinha que estava junto na hora), o Gustavo é um doce de menino, você tem que ver."

"Ai, Gustavinho, você é muito educado! Obrigada, viu, meu amor, por ajudar a titia!"

"Pelo amor de Deus, Leonardo. Você nasceu na família errada. O Gustavo é muito mais parecido comigo do que você."

E pior, a mãe de Leo fazia isso na frente de todos, inclusive dos primos. Consequência? Leo passou a questionar o próprio valor, sua autoestima ficou abalada, suas notas na escola pioraram, ele passou a ser um adolescente mais calado e, como já notamos, passou a ter birra do primo e foi se afastando pouco a pouco dele.

Eu te contei a história de duas crianças/adolescentes e seus pais, mas isso poderia ser com avós, amigos, namorado, esposo, esposa, colegas de trabalho, chefes comparando seus colaboradores...

Comparação é uma porcaria (para não falar outra coisa), e ela pode vir a acabar com a autoestima de uma pessoa, com seu autorrespeito, com sua confiança e com os relacionamentos.

Mas será que, de repente, aquela comparação na qual você quer usar a outra pessoa como um modelo para inspirar o outro não pode ser uma boa? Será que essa não pode ser usada?

Olha, comparação é comparação e vou te dizer que em 99,9% das vezes vai gerar sentimentos negativos. Cuidado! E, de preferência, risque esse comportamento da sua vida.

Atenção agora! Muita atenção!

Qualquer comportamento, se repetido várias vezes, vira um hábito. E o problema é quando isso entra em piloto automático. Quer dizer que, se você repetir algum desses 17 comportamentos, você se destruirá e destruirá quem você ama sem nem perceber.

Cuidado! Vigiai os vossos comportamentos!

Lembre-se:

♡ Seu comportamento pode destruir a autoestima de quem você mais ama e quer bem. Cuide dos seus comportamentos.
Atente-se:

1. Expectativas altas demais × zero expectativas
2. Comunicação agressiva
3. Comunicação não verbal
4. Competição em excesso
5. Colocar o outro sempre em primeiro ou último lugar
6. Guardar rancor e mágoas
7. Falar muito do passado ou do futuro
8. Violência física
9. Fazer *bullying*
10. Não ser lembrado
11. Criticar
12. Não acreditar ou menosprezar o potencial do outro
13. Mostrar que o outro não é bom o suficiente
14. Focar o negativo ou a falta
15. Julgar a pessoa e não o seu comportamento
16. Falta de elogio e reconhecimento
17. Comparação

Agora, chegou o seu momento! Escreva aqui quais foram seus aprendizados neste capítulo:

....
....
....
....
....
....
....
....
....

E, com tudo o que você aprendeu, quais serão as suas ações? Que hábitos você vai riscar e eliminar da sua vida?

....
....
....
....
....
....
....
....
....

Lembre-se de que você pode compartilhar comigo quais foram os seus aprendizados. Eu ficarei imensamente feliz!

CAPÍTULO 8

Impulsionadores da autoestima

Como citei no capítulo anterior, comportamentos repetidos várias vezes viram um hábito, e neste capítulo essa premissa também é válida. O mais importante é que os comportamentos que você vai aprender também podem entrar no piloto automático, mas são comportamentos com consequências superpositivas! Para a psicologia, piloto automático normalmente não é algo muito bom, mas nesse caso é, sim. Imagina você se impulsionando espontaneamente, alavancando sua autoestima e a autoestima das pessoas ao seu redor, isso sem nem perceber, sem fazer grandes esforços. Sim, isso é possível.

Quando você aprende o que fazer e repete consistentemente, isso se torna um hábito saudável e te leva a ter uma autoestima elevada, a ter relacionamentos extraordinários e uma vida UAU.

Nos dois capítulos anteriores, você aprendeu sobre os comportamentos destruidores da autoestima. Agora chegou o momento do antídoto para toda essa destruição, chegou o momento da solução! Vou compartilhar dicas de como você deve agir com você mesmo e com as pessoas ao seu redor.

Por isso, preste atenção a este capítulo, ele será um pouco mais longo, pois eu selecionei 40 atitudes simples e poderosas para a sua autoestima e para a autoestima das pessoas que você quiser elevar! Ah! Quase me esqueci... Desses 40 comportamentos, todos são eficazes, todos; contudo, os três últimos são super ultra mega alavancadores de autoestima!

1º. Enxergar e valorizar as qualidades

Essa é uma ação importantíssima para elevar a autoestima, tanto a sua como a de outra pessoa. Toda pessoa (sim, eu disse toda pessoa) tem qualidades, virtudes, pontos fortes, características positivas que precisam ser vistas e, é claro, reconhecidas. Por isso, olhe para si e responda: "Quais são as minhas forças, quais são as minhas virtudes e qualidades?".

Anote sua resposta, depois faça um plano para utilizá-la no seu dia a dia. Por exemplo, se você é uma pessoa carinhosa e atenciosa, coloque como uma ação diária elogiar alguém!

Olhar para suas forças eleva muito a autoestima. Além de fazer isso com você mesmo, faça também com as pessoas que você ama. Olhe as qualidades que essas pessoas possuem, quais são os pontos fortes delas, e então vá para a segunda ação que eleva a autoestima e que é *muito* importante: o elogio.

Mas antes de te contar sobre o elogio, deixa eu te falar algo fundamental. No momento em que você enxerga seus pontos fortes, o seu senso de valor próprio é elevado, e quando você utiliza as suas forças, você eleva as chances das outras pessoas também as enxergarem em você e, consequentemente, também te valorizarem, ou seja, você vai ser fonte de reflexo positivo para si mesmo e ainda vai potencializar a chance de receber reflexos positivos das pessoas ao seu redor.

Quando eu trabalho autoconhecimento nos meus atendimentos de mentoria ou nos treinamentos corporativos e cursos *on-line*, e pergunto sobre pontos fortes e fracos, percebo que a pessoa rapidamente tem uma lista dos fracos na ponta da língua... por outro lado, há uma demora para responder quais são as suas forças, e pior do que a demora é a pobreza da resposta. A lista dos pontos negativos é longa, enquanto a das qualidades é minguada, uma lista mixuruca.

Eu não sei você, mas muitos dos meus alunos no começo do curso têm dificuldades em reconhecer suas qualidades. Por isso que eu faço dentro do curso MMV a técnica "Forças UAU – Elevando a autoestima".

Eu já conduzi essa técnica milhares de vezes em meus atendimentos, palestras, treinamentos e nos meus cursos *on-line*, e gostaria muito que você também pudesse vivenciá-la; mas confesso que nunca conduzi esse exercício por escrito. No entanto, sempre há uma primeira vez, não é mesmo? Por isso, no capítulo 12 eu escrevi essa técnica bem detalhadamente para que você também possa ter essa experiência incrível de elevar a sua autoestima de forma sólida e duradoura.

Só um último adendo: enxergar e valorizar suas forças não tem nada a ver com fingir que você não possui defeitos ou pontos que precisam ser desenvolvidos ou melhorados. Não é isso; mas é, inclusive, usar as suas forças para ajustar os seus defeitos, para se desenvolver.

Vamos, então, fazer um exercício rápido e eficaz!

Anote aqui 15 qualidades que você possui:

....
....
....
....
....

Agora, pense em 15 pessoas que você ama e quer bem. Pensou? Anote aqui o nome delas:

....
....
....
....
....

Perfeito! Neste momento, eu te convido a escolher uma dessas 15 pessoas e, pensando nessa pessoa que você ama e quer bem, anotar 15 qualidades que ela possui. Se for preciso, pense, reflita, relembre de momentos que já viveram, e então escreva!

....
....
....
....
....
....
....
....
....
....

Muito bem! Arrasou! Parabéns por entrar em ação durante sua leitura! Este livro não se trata somente de trazer informações para você, mas de te convidar a tomar uma decisão de realmente fazer acontecer na sua vida e na vida de quem você ama!

O exercício anterior foi feito com apenas uma pessoa da sua lista, mas você é convidado a fazer isso com todos os que ama! Bora lá!

2º. Elogiar

Agora que você já sabe seus pontos fortes e também as qualidades de quem você ama, vamos elogiar!

Um elogio verdadeiro é como ar fresco para quem estava muito tempo mergulhado na água. Um elogio genuíno é cura para a alma! Por isso, elogie-se todos os dias, reconheça-se e faça o mesmo com quem você ama, sem economizar.

No capítulo 13, eu vou compartilhar com você a técnica do "elogio UAU" que eu ensino nos meus treinamentos e cursos, mas já quero compartilhar uma parte para que você possa entrar em ação neste minuto.

Imagina uma pessoa que tem a vida bem corrida, que divide seu tempo em ser uma profissional de uma grande empresa, cuidar de família, cônjuge, filhos, casa, pais e si mesma; ir à igreja, fazer trabalhos voluntários e manter boas amizades, e que mesmo em meio a toda a correria, ainda encontra tempo para ler um livro como este.

Essa pessoa com certeza pode se autoelogiar dizendo:

"Puxa vida, eu dou conta de tanta coisa. Eu realmente sou muito responsável. E mesmo em meio a toda correria, eu encontro um tempo para mim, para parar e me desenvolver. É, realmente, eu sou proativa, dinâmica… eu sou UAU!".

Não podemos ter receio de assumir nossa *uauzisse* interior (sim, eu sei que a palavra *uauzisse* não existe; mas eu acabei de inventá-la)! Às vezes somos muito bons em reconhecer as outras pessoas e rápidos em nos criticar. Chegou o dia de mudarmos essa situação! Bora se elogiar, e assim o fazer sem medo de parecer presunçoso!

Precisamos tomar posse de nossas qualidades! E após tomar posse de todo esse seu poder, comece a distribuir ótimos elogios às pessoas ao seu redor! Pegue a lista que fez no tópico anterior e comece agora mesmo. Ligue para as pessoas, mande mensagens e elogie-as!

Para facilitar, criei uma imagem que é só você tirar uma foto dela e enviar para as pessoas!

3º. Passado, presente e futuro

Lembra que comentei com você que focar só o passado pode gerar depressão e que pensar só no futuro pode gerar ansiedade? Pois é! Então, o que devemos fazer? Será que o melhor é focar só o presente?

Não, a resposta não é focar apenas o presente. O melhor a se fazer é olhar para seu passado, não importa se ele foi catastrófico ou maravilhoso... olhe para ele e pergunte-se:

"O que eu aprendi com ele?".

"Quais aprendizados eu tive com o meu passado, com a minha história?"

Com certeza, haverá coisas que você já fez e que deram certo, e para essas seu aprendizado pode ser:

"Quero mais disso na minha vida, então vou manter esses comportamentos que tive e que me levaram àquele resultado que foi tão bom no passado".

Por outro lado, pode ter algumas coisas que deram errado e que sua conclusão seja:

"Não vou mais fazer isso de jeito nenhum".

Após olhar para o seu passado e tirar aprendizados, agora é a hora de olhar para o futuro e se perguntar:

"O que eu desejo para meu futuro?" (Vou falar mais sobre isso no capítulo 15).

E só depois de responder a essa pergunta, você olhará para seu presente e responderá:

"Com os aprendizados que eu tive com o meu passado, e para que eu possa construir o futuro que eu desejo, quais ações eu preciso ter hoje?".

Dessa forma, você construirá seu plano de ação e o aplicará no seu dia a dia.

O mesmo você pode fazer para ajudar a pessoa que ama, se perceber que ela foca muito as coisas que já aconteceram e fica remoendo o seu passado, ajude-a a tirar aprendizados. Se ela só fala do futuro, nos objetivos que ela ainda não alcançou, nos sonhos que ela quer realizar, no que ela ainda deseja viver, ajude-a a ter clareza disso e, ao mesmo tempo, fazer seu plano de ação hoje. Sem contar que é necessário viver o momento presente intensamente e ser grato por ele (logo falaremos sobre o poder da gratidão na autoestima e na felicidade de uma pessoa). Por isso, aprenda com seu passado, sonhe com seu futuro e aja no seu presente!

4º. Não finja que está tudo bem, quando não está

Cuidar da sua autoestima não é nem de perto ficar somente com pensamentos positivos, é encarar suas misérias, suas dores e tomar uma decisão do que fazer com elas. Quando você não estiver bem, ou quando a pessoa que você ama não estiver bem, busque entender o real motivo desse sentimento.

Os nossos sentimentos podem revelar coisas profundas sobre nós mesmos, eles são como o sintoma de algo mais profundo, como se fosse uma dor de dente por uma raiz inflamada; não vai adiantar eu tomar um remedinho qualquer, a dor pode até amenizar, mas depois voltará com tudo. A melhor coisa a se fazer é buscar um profissional especialista na área e fazer o tratamento adequado.

Quando estamos mal e nada melhora, ou ainda, com o passar do tempo, só piora, é o momento de buscarmos a ajuda de um profissional especializado; é hora de buscar um psicólogo que, olhando nos nossos olhos e analisando todos os pormenores do nosso ser, possa nos ajudar a sair dessa situação. Não precisamos ter vergonha nenhuma de pedir ajuda, principalmente a alguém que possa nos auxiliar de forma capacitada e adequada. Pedir ajuda é um ato sábio!

5º. Buscar desenvolvimento

Da mesma forma que buscar a ajuda de um profissional é um ato sábio, buscar se desenvolver também é. E além de ser sábio, ajuda a elevar o senso de valor próprio.

Imagine a seguinte situação: um homem estava descontente e insatisfeito com sua casa e resolve vendê-la. Ele então faz uma avaliação da casa e fica chateado, pois achava que valeria 1 milhão, mas só vale 600 mil. Eis que ele resolve reformar a casa antes de vendê-la. Começa pelos banheiros, e arruma todos os banheiros deixando-os mais modernos e lindos, coloca aquecimento solar, troca o encanamento da casa toda para se adaptar ao novo tipo de aquecimento e garantir que todas as torneiras possam ter água quente! Arruma o jardim, colocando coqueiros, plantas que se mantêm lindas o ano todo e irrigação automática. Pinta a casa e troca o piso, faz um jardim de inverno para que, do conforto do seu sofá, possa ver a água caindo em dias de chuva e todas as estrelas em dias de céu aberto. Além disso tudo, coloca papel de parede em alguns lugares e ar-condicionado em todos os cômodos. Como se não bastasse, ele ainda instala uma piscina aquecida e automatiza a casa.

No fim da reforma, faz uma nova avaliação e descobre que sua casa agora vale quase 2 milhões! UAU! Ele fica superfeliz e contente consigo mesmo por ter tomado a decisão de investir na sua casa!

Mas você lembra o motivo pelo qual ele decidiu fazer a reforma? Sim, ele queria vender a casa! E você lembra o motivo pelo qual ele queria vender a casa? O motivo era que ele estava descontente e insatisfeito com ela. Mas adivinha? Agora, ele não quer mais vender a casa, pois está apaixonado por onde mora!

É um exemplo simples, mas é assim que acontece com a gente! Quando você resolve se desenvolver e se cuidar, fica mais valioso e acaba se apaixonando por si mesmo. E quando você está apaixonado por você, quando curte a sua presença, quando se gosta, quando se cuida, a sua autoestima vai para as alturas.

Lembre-se de que a autoestima vaza pelos poros. Quando você está bem, as pessoas ao seu redor notarão e, automaticamente, vão desejar estar mais próximas de você!

Para te explicar melhor o poder de você estar bem, atrair pessoas do bem e fazer com que as pessoas te valorizem, vamos a um outro exemplo.

Imagine uma mulher que estava apaixonada pelo namorado e começa a perceber que ele está meio distante. Com medo de perdê-lo, ela começa a fazer tudo por ele (você já aprendeu que colocar o outro sempre em primeiro lugar é péssimo), e de repente ele dá um pé na bunda dela.

Primeiramente, não existe "de repente" levei um pé na bunda. Algo já deveria estar acontecendo bem antes e ela não percebeu (mas isso é tema para um outro livro); segundo que, após o pé na bunda, ela ficou se sentindo uma porcaria, um lixo, um nada.

Eu não sei se isso já aconteceu com você, mas comigo já, e dói demais levar um fora de quem você ama.

Quando uma pessoa leva um pé, comumente se fala que ela está curtindo uma fossa. Você já ouviu essa expressão? Pois é... na fossa tem o quê? Isso mesmo. E se a pessoa está curtindo uma fossa, quer dizer que ela está igual picles caseiro de vinagre.

Não entendeu, não? Vou explicar.

Para fazer picles caseiro, você pega, por exemplo, o pepino, então lava, pica e coloca em um vidro e enche esse vidro com vinagre. Quando uma pessoa está curtindo uma fossa é como se ela fosse o picles e estivesse envolta de vinagre por todos os lados; consequentemente... ela cheira mal. E aí, é claro, ninguém se aproxima dela, porque ela "fede"! Simples assim!

Mas eis que a pessoa resolve dar um basta e diz: "chega de sofrer, chega de chorar" e volta a cuidar de si, volta a tomar banho direito, a cuidar do cabelo e da pele, volta a se depilar, tirar a sobrancelha e o buço! Ela volta a se arrumar e sair. E ao sair com as amigas, anda de cabeça erguida, olhando nos olhos das pessoas com uma expressão leve e ao mesmo tempo poderosa de quem decidiu cuidar de si, de quem decidiu se valorizar.

O que você acha que começa a acontecer com ela?

Ela começa a ser olhada e paquerada! Ela supercurte esse novo momento e a hora que está 100% bem, e que, inclusive está de namorinho novo... o que o ex-namorado faz? Ah, ele volta! Volta a procurá-la, a mandar mensagens, a fazer elogios e dar indiretas dizendo que está com saudades. E também algumas indiretas bem diretas de que quer voltar com ela!

Agora vamos a um exemplo profissional.

Imagine um cara que também levou um pé na bunda, mas esse pé foi da empresa em que trabalhava.

Imagina um cara que foi demitido e que "aproveita" os três primeiros meses de seguro-desemprego para tirar umas férias, descansar e assistir a todas as séries que ele tinha vontade, mas não tinha tempo.

Passados esses três meses, ele volta a atualizar o currículo e o envia para várias empresas e agências de emprego. Passa um mês e nada. Mais um mês e nada. Ninguém, absolutamente ninguém, o chama para uma entrevista de emprego. Nada, zero.

Ele então, muito preocupado, envia seu currículo novamente e começa a entrar em contato com várias empresas. Manda e-mail, liga, e nada. Nenhuma entrevistinha, nadica de nada.

O seguro-desemprego acaba e vem o desespero, e ele começa a distribuir o currículo enlouquecidamente. Agora o que surgir é lucro. Ele não está mais buscando algo só na sua área, qualquer trabalho que o ajude a pagar as contas já está valendo.

Sua autoestima e autoconfiança vão para o ralo. Ele está em pânico. Até que entende que não há mais o que fazer, pois todas as empresas já têm o seu currículo, e começa a aproveitar o tempo para fazer cursos on-line, ler conteúdos da sua área e assistir a vídeos na internet, em vez de assistir a séries na TV.

Até que um dia ele é chamado para uma entrevista e é aprovado. Começa a trabalhar e, por sorte, na sua área! Ufa! Passou o desespero! Não é bem o salário que ele gostaria, mas não está numa fase de ficar escolhendo muito!

Após um mês de experiência, ele é formalmente registrado, e nesse exato momento, adivinha o que acontece?! Várias empresas começam a ver seu currículo *on-line* e entram em contato dizendo que têm interesse em uma entrevista.

Você já viu alguma dessas histórias acontecer com alguém ou, de repente, com você mesmo?

Pois é, quando você está bem ou quando você está mal, vaza pelos poros. A autoestima vaza pelos poros e vaza até *on-line*.

Por isso se desenvolva e motive as pessoas que você ama a também se desenvolverem, assim como a casa do exemplo anterior, você elevará o seu valor, e assim também como a mulher que levou o fora ou como o cara que foi demitido, não adianta ficar chorando o leite derramado. Derramou o leite? Deu ruim? Chora, xinga e depois vá limpar o fogão, e vida que segue!

Só você pode fazer isso por você mesmo! Então faça e inspire as pessoas ao seu redor a usar o tempo delas para se desenvolverem também! O que você investe em si, no seu crescimento, no seu aprendizado, ninguém jamais poderá tirar de você!

6º. Lembranças e presentes

Dê presentes e lembranças a si mesmo e para quem você ama. Uma flor colhida no jardim ou um vaso lindo comprado na floricultura. Uma viagem inesquecível ou uma simples ida a um café e um bom papo. Uma festa surpresa ou um bolinho feito por você mesmo com uma única vela. Uma joia ou um bilhetinho escrito à mão. Um curso ou um livro como este! Dê presentes e lembranças!

Não ser lembrado por quem você ama pode ser um reflexo negativo e interferir na autoestima. Por isso, mostre para as pessoas que você as ama e que se lembra delas.

Quando eu digo para dar presentes, não me refiro a somente presentes materiais; pode ser uma mensagem, um áudio ou até mesmo um vídeo carinhoso que você envia para uma pessoa.

No momento em que estou escrevendo este livro, paro por um instante e escolho uma música e envio para cinco pessoas que amo, só para dizer a elas que esse é um presente.

Já escolhi a música*, escolho as cinco pessoas, penso na mensagem, abro meu WhatsApp e começo a escrever:

> Oi, NOME DA PESSOA, estou escrevendo meu novo livro e falando sobre demonstrar amor e carinho a quem você quer bem! Me lembrei de você e resolvi te enviar esta música de presente! Eu a descobri outro dia enquanto navegava pelo YouTube pesquisando por músicas da Jennifer Lopez, que é uma cantora que eu gosto muito!
> Receba meu presente. Espero que goste!
> Beijos, Gi

Ah, no fim das contas, eu mandei para sete pessoas. A sétima foi eu mesma. E o mais legal é que fiquei com vontade de enviar para mais pessoas, mas eu precisava voltar aqui e terminar o livro!

E agora, que tal você fazer o mesmo?

Escolha as pessoas, pense na mensagem e se quiser enviar uma música, fique à vontade; pegue seu celular e envie as mensagens!

7º. Blindagem emocional

Eu sei que nós, seres humanos, nos importamos com a opinião do outro, mas não dê tanta importância ao que os outros falam ou vão falar sobre você. Muitas vezes você precisa ouvir mais a si próprio e se perguntar: "o que EU penso sobre isso? Qual é a MINHA opinião sobre isso?". As pessoas falam umas das outras espontaneamente, e isso quer dizer que elas vão falar de você de um jeito ou de outro. Então, em

---

* A música "Chegaste", do Roberto Carlos com a Jennifer Lopez!

alguns momentos, acione o botão do "F" e deixe pra lá. Deixe passar o que passa!

Por outro lado, busque o *feedback*. Busque ouvir a opinião de pessoas que importam de verdade. Por exemplo, se for algo ligado à sua carreira, busque ter um mentor profissional ou pessoas que já trilharam o caminho que você deseja trilhar, ou que simplesmente você confia e admira, e então pergunte a opinião delas. O resto é resto!

Se você ouvir algo que possa te causar algum desconforto ou te machucar, questione-se: "o que essa pessoa me falou faz algum sentido? Será que tem algo do que ela falou que eu realmente possa melhorar?". Se a resposta for "sim", vá lá e melhore. Se a resposta for "não", não pegue as palavras para si. Algumas vezes, as pessoas dizem coisas para nós que não nos pertencem, que são mais delas do que nossas! Precisamos ser mais seletivos em nossos relacionamentos e nos blindar de coisas, de falas e de pessoas destrutivas e tóxicas.

Pense em quais são as relações que você tem hoje e que verdadeiramente valem a pena, e assim, cuide mais delas! Pense também em quais relações não agregam ou até mesmo quais são tóxicas, e então, blinde-se!

8º. Seja seletivo nas suas relações

Relacionamento é uma via de mão dupla, as duas pessoas precisam contribuir e aprender, mas infelizmente há pessoas que querem sugar muito mais do que contribuir. Há "amizades" que só sugam ou que te diminuem.

Quando a sua autoestima está elevada, você se torna uma pessoa mais seletiva em suas relações, e isso se transforma em um ciclo virtuoso, pois pessoas mais seletas tendem a dar reflexos positivos umas às outras. O contrário também é verdadeiro, quando sua autoestima está baixa, você aceita qualquer relação para não ficar sozinho, e esse tipo de relação tende a te colocar pra baixo.

Não tenha receio de ficar sozinho por um tempo. Não tenha receio de ser seletivo nas suas relações; cuide de você. Lembre-se: a autoestima vaza pelos poros!

9º. Perceber o progresso

Olhar para seu passado e descobrir quais foram seus momentos de progresso é algo extremamente poderoso, e, para te falar sobre isso, vou compartilhar um conteúdo preciosíssimo da psicologia: a autoeficácia.

Autoeficácia é o sentimento relacionado ao quanto você é capaz de fazer e realizar algo. Ela está ligada diretamente ao seu passado e ao quanto você percebe que já foi capaz de realizar na sua vida.

Alguns pesquisadores descobriram que a autoeficácia é um dos três principais pilares psicológicos que uma pessoa bem-sucedida possui, e que ela está diretamente ligada à autoestima. Quão maior for a sua autoeficácia, maior a chance de você realizar o que precisa ser realizado, isso porque você confiará que é capaz de assim fazê-lo.

Para elevar a sua autoeficácia ou a autoeficácia de quem você ama, é preciso resgatar o seu passado de sucesso. No capítulo sobre a técnica do elogio, eu vou te explicar como fazê-lo, e mais, você vai ter a oportunidade de vivenciar e aprender como fazer isso com outra pessoa, o que trará um valor inestimável para sua vida.

Para a psicologia, progresso é igual felicidade; toda vez que uma pessoa olha para sua história e percebe o quanto já progrediu, ela se sente feliz e mais confiante em continuar a sua jornada. Eu digo nos meus cursos que mudar a gente muda sem esforço nenhum... de ontem pra hoje, o clima mudou, o valor do dólar mudou, a elasticidade da sua pele também mudou, seu cabelo mudou. Mas para progredir é preciso muito esforço!

Então, olhe para a sua história, perceba o quanto você já progrediu e celebre! Eu creio que desde o início da leitura deste livro você já teve alguns progressos, algumas melhorias...

Escreva aqui três progressos (grandes ou pequenos, simples ou complexos, não importa) que você já teve desde o início deste livro:

....
....
....
....
....
....

Além de perceber o seu progresso, tire um tempo para conversar com quem você ama e relembrarem juntos o quanto essa pessoa também já progrediu. Após isso, celebrem, vibrem com essa história de sucesso! É primordial para a autoestima ver e valorizar as conquistas que já foram alcançadas!

10º. Faça por você

Organize a sua agenda e tire um tempo para você, para fazer o que você gosta e te faz bem. Quer assistir a um filme? Assista! Quer ir ao cinema? Vá! Quer deitar no chão e ficar olhando as estrelas? Deite! Quer escutar música enquanto toma banho? Ouça! Quer cantar alto? Cante!

Óbvio, não é fazer tudo por você a hora que quiser, do jeito que quiser e desrespeitar o outro. Não é isso. Mas é não se privar de pequenos e simples prazeres. Ter um tempo para você é, sim, cuidar da sua autoestima!

E pensando em quem você ama, dê apoio e motivação para que elas também possam fazer isso por elas mesmas!

11º. Chame as pessoas pelo nome e dê a elas um adjetivo carinhoso

O nome é algo poderoso, e chamar as pessoas pelo nome é uma ação de reconhecimento muito valiosa. Por exemplo, quando um pesquisador descobre o nome de uma nova doença, a doença usualmente leva seu nome; quando alguém vai ser homenageado, recebe uma placa com seu nome, ou até mesmo uma rua com seu nome; lembre-se: chamar as pessoas pelo nome é algo importante e estratégico. Agora, se por acaso, a pessoa não gostar do próprio nome, normalmente ela dirá algo como: "Meu nome é fulana, mas, por favor, me chame de sicrana", então, nesse caso, você a chamará do jeito que ela disse preferir.

Evite chamar as pessoas pelo apelido, a não ser que ela tenha dito que prefira ser chamada assim. E falando sobre isso, me lembrei de uma história.

Tenho uma aluna de mentoria que se chama Bruna Santina, mas todos a conhecem e a chamam de Niina Secrets, que é um apelido que lhe foi dado quando era criancinha.

No nosso primeiro encontro, eu disse a ela:

"Eu te conheci como Niina, mas não sei se você prefere ser chamada de Bruna ou de Niina. Como você prefere?".

E ela me respondeu:

"Me chama de Niina. Ninguém me chama de Bruna".

Em um caso como esse, ok chamar a pessoa pelo apelido! Inclusive, esta é uma dica muito boa: pergunte como a pessoa prefere ser chamada e assim o faça!

E como diz o título desse tópico: "chame as pessoas pelo nome e dê a elas um adjetivo carinhoso"; adjetivar uma pessoa é qualificá-la, ou seja, classificá-la positivamente, é ótimo.

No momento que conheço a pessoa, eu logo a adjetivo, mesmo que internamente, só para mim; ou, se preferir, externamente, e já aproveito para elogiá-la. Vamos resgatar o exemplo da Niina:

"Nossa, como a Niina é linda, carismática e atenciosa".

Pronto, três qualificações positivas. Isso fortalecerá a forma com que eu a vejo, e, se eu fizer isso dizendo para ela, ainda fortalecerá a nossa relação!

12º. Reconhecimento

Reconhecimento é uma necessidade básica do ser humano, mas o problema disso é você ficar esperando o reconhecimento do outro, que pode não vir. Por isso, aprenda a se autorreconhecer.

Como você pode fazer isso?

Pare, de tempos em tempos, analise o que você fez e se dê seu próprio *feedback*. Reconheça o que você fez bem-feito (use a técnica do "elogio UAU" descrita no capítulo 13) e reconheça onde você pode melhorar. Faça isso também com as pessoas que você ama, ofereça seu reconhecimento, seu *feedback* positivo a elas.

13º. Não dependa de "nada" externo

Aqui entra o problema do "se".

"Se" eu tiver um bom emprego, "se" eu tiver um(a) namorado(a), "se" eu tiver um carro, "se" eu tivesse mais tempo, "se" eu fosse mais rápido, se, se e mais se.

Cuidado, não condicione seu valor próprio a coisas que você tem ou não tem. Uma pessoa que, por exemplo, condiciona o valor próprio a estar namorando, no dia em que estiver solteira, e se esse período como solteira for mais longo do que ela gostaria, ela pode vir a ficar muito mal por isso. Uma pessoa que condiciona seu valor a ter um bom emprego, se ficar desempregada, ou se o trabalho que ela tiver não for o emprego dos sonhos, ela ficará muito mal. Enfim, esses tipos de condições para seu valor podem deixá-lo muito mal ao ponto de entrar em depressão. O valor próprio não pode depender de nada externo, senão você se tornará refém disso.

14º. Expresse-se de forma assertiva

Tenha uma comunicação assertiva. Fale o que você pensa e sente; mas, ao falar, o faça de uma forma a também respeitar o outro. Saiba o que quer falar e o desejo, a intenção, o objetivo da sua fala, e, então, escolha as palavras e pense na melhor forma (comunicação não verbal) para se expressar. E é claro, escolha o melhor momento; pois às vezes, em um momento de muita emoção e tensão, o melhor mesmo é não falar nada, o melhor é esperar ou criar o momento adequado.

A assertividade é uma comunicação que começa usualmente com a palavra "eu". Vamos a um exemplo, e para tal vamos resgatar o que falei sobre a comunicação agressiva, que utiliza muito uma fala acusadora com a palavra "você".

- ✓ Fala agressiva: "Você me chateou".
  Fala assertiva: "Eu me senti chateado quando você fez tal coisa".
  Fala passiva: Nem fala nada. Engole sapos!

- ✓ Fala agressiva: "Você fez tudo errado".
  Fala assertiva: "Eu não fiquei satisfeito com o resultado que você entregou. Preciso que melhore".
  Fala passiva: Nem fala nada. Engole sapos e refaz o trabalho.

- ✓ Fala agressiva: "Você tá de sacanagem comigo. Quem tem que fazer isso é você, e não eu".
  Fala assertiva: "Eu não posso fazer este trabalho, afinal ele é seu".
  Fala passiva: Nem fala nada. Engole sapos e faz o trabalho do outro.

Não guarde, não engula sapos. Fale, expresse-se. Mas, ao falar, não cuspa vespas; lembre-se de ser assertivo (vou aprofundar esse tema no capítulo 11)!

15º. Cuide de você

Cuide da sua saúde física e emocional. Vou compartilhar cinco ações básicas e incríveis para sua saúde física e emocional.

1. Hidrate-se! Beba mais água e passe hidratante no seu corpo. Você vai ter mais energia e concentração. Vai se sentir menos cansado e ainda ficará mais bonito!
2. Movimente suas articulações! Você vai ficar mais feliz e animado!
3. Ouça música e leia coisas positivas: bons livros e poesia! Isso vai promover bem-estar e qualidade de vida!
4. Medite! Meditar te trará mais calma, foco e clareza mental!
5. Dedique um tempo a você!

Para esse último, vou te contar uma história...

Um belo dia, minha filha Mariana me convidou para fazer uma máscara no cabelo, e eu disse:

"Mari, hoje não dá... Estou sem tempo, minha agenda está cheia".

Passaram uns oito dias e a Mari me chamou mais uma vez, e eu respondi:

"Mari, eu não tenho tempo de fazer isso hoje".

Eis que ela me fala:

"Mãe, se você não tem vinte minutos pra fazer uma máscara no seu cabelo, tá feio, viu. Você fala superbem do seu trabalho, mas nunca tem tempo. Olha, mãe, é importante você se cuidar também, e não só cuidar dos outros!".

Fiquei muda.

Falar o que depois disso?

Falar nada, bora fazer. Olhei para ela e disse:

"Vem ver, Mari. Essa é a minha agenda... olha o que coloquei pra fazermos amanhã! Sim, isso mesmo, máscara no cabelo e no rosto. Nós duas juntas! Topa?".

O sorriso dela fez tudo valer a pena!

Pensando nisso, eu ajusto o último tópico para:
5. Dedique um tempo a você, e também um tempo para quem você ama!

16º. Abastecer-se

Para compartilhar com você sobre esse tópico, vou contar uma história que logo de cara quero dizer que eu não tenho nem um pouco de orgulho do que eu fazia!

Para que eu pudesse alcançar meus objetivos, eu precisava ser uma pessoa de alta performance. Até aí, tudo bem; o problema é que eu me cobrava demais e nunca me permitia não fazer nada.

Se eu me pegasse "não fazendo nada", eu ficava mal, me sentia culpada e logo arrumava algo para fazer.

Dormir à tarde? Nem pensar. Mesmo que eu estivesse cansada, eu não me permitia isso. Tirar uma tarde durante a semana para ir ao cinema? Nem pensar!

Eu pensava assim:

"Eu tenho tanta coisa para fazer, não posso me dar esse luxo".

Eu já tinha trabalhado como funcionária de empresas e tinha tido chefes bem desafiadores, mas sem dúvida nenhuma eu estava sendo a minha pior chefe.

Eu acordava cedo e já ia trabalhar. Ficava até uma, duas, três horas da manhã trabalhando. Até que, é claro, comecei a ficar muito irritada e estressada. Foi quando fui estudar um conceito chamado por Tony Schwartz de "Diagrama de energia", que diz que, para uma pessoa ter alta performance, ela precisa ir com frequência para a "zona de abastecimento".

Mas o que é zona de abastecimento?

Na verdade, Schwartz fala de quatro zonas: a zona de abastecimento, a zona de performance, a zona de sobrevivência e a zona de *burnout*.

Na zona de abastecimento você experimentará emoções como: tranquilidade, calma, relaxamento, despreocupação e serenidade; e terá um nível de energia baixa, porém positiva. E mais, ele fala que nessa zona entram atividades que irão te abastecer emocional, física, mental e espiritualmente; além de precisar ir com certa frequência para lá. Se uma pessoa faz isso, consegue atuar na área de performance.

A zona de performance é aquela na qual a pessoa faz o que tem que ser feito e faz tudo se sentindo otimista, confiante, animada, motivada, empolgada, entusiasmada, feliz e orgulhosa. Aqui há alto nível de energia positiva. No entanto, se ela só trabalha, só faz e nunca se abastece, que era exatamente o meu caso, a pessoa tende a ir para a zona de sobrevivência.

Na zona de sobrevivência há um alto nível de energia, mas negativa. Aí a pessoa até faz o que tem que ser feito, mas faz sentindo-se ansiosa, preocupada, irritada, impaciente, zangada, chateada, frustrada, na defensiva e indignada. Tudo pode ser agravado. Se a pessoa continua não indo para a zona de abastecimento, aí ela acaba com sua energia interna e vai para a zona de *burnout*.

Na zona de *burnout* há um baixo nível de energia e, pior, energia negativa. Aqui a pessoa se sente sem esperança, exausta, triste, deprimida, como se tivesse um vazio dentro dela, podendo até mesmo se sentir desesperada.

Tive que aprender a desacelerar e entender que isso não é algo ruim. Muito pelo contrário, é bom e necessário.

Pensando nisso, eu te pergunto:

O que te abastece física, mental, emocional e espiritualmente falando?

Escreva aqui uma lista de ações que te abastecem em cada uma dessas quatro áreas.

....

....

....
....
....
....
....

Faça sua agenda e coloque nela os momentos para se reabastecer; afinal, nenhum carro anda sem combustível e nenhum celular funciona sem bateria!

Eu não sei o seu, mas o meu celular fica com vários aplicativos abertos: calendário, bloco de notas, lembretes, Skype, WhatsApp, Telegram, Instagram, e-mail, LinkedIn, YouTube, Facebook, câmera, aplicativos para edição de vídeo e foto, e vários outros... E como um celular que gasta sua bateria mais rápido se tiver mil coisas abertas, assim somos nós. Quanto mais fazemos, quanto mais realizamos, mais rápido precisaremos recarregar nossa bateria.

Sem contar que tem pessoas que, além de fazer a própria jornada, gostam de ajudar os outros. Você conhece alguém assim?

Isso funciona como se fosse uma viagem de carro. Para o carro trilhar seu percurso com alta performance e segurança, ele precisará se abastecer e, de tempos em tempos, precisará parar por uns dias para ir para a revisão. Nós somos como o carro, precisamos nos abastecer e, de tempos em tempos, pararmos um pouco. Afinal, como você vai fazer a sua jornada e ainda dar carona para alguém, se seu carro está sem combustível e com problemas de mecânica?!

Abasteça-se!

17º. Dê risada

Ao mesmo tempo em que sorrir e dar risada faz bem para suas emoções, ainda te leva a ficar mais bonito, pois ajuda a melhorar a elasticidade da pele, combater as rugas e a flacidez, ativar a circulação sanguínea, o que melhora a hidratação da pele e, consequentemente, adia o envelhecimento cutâneo. Tudo de bom, não é mesmo?!

Dar risada movimenta mais de 12 músculos da face e ainda ajuda a liberar serotonina e endorfina, neurotransmissores e hormônios do bem-estar e da felicidade! Sem contar que risada é algo contagioso. Você já deve ter passado pela situação de ver alguém rindo e, só por isso, você também começou a rir!

Uma vez, li uma frase (cujo autor não sei quem é) que fez muito sentido para mim:

"O bom humor, assim como o mau humor, é contagiante. Qual deles você escolhe?".

E aí? Qual dos dois você escolhe?

Bora rir mais!

18º. Aprenda a dizer "não"

Se em algum momento você percebe que as pessoas te pedem coisas demais, coisas que, de repente, são para elas fazerem e não para você fazer, ou te pedem coisas que fazem você se sentir desrespeitado, definitivamente você precisa dizer "não".

Vou te ensinar uma técnica bem prática para dizer "não" falando a verdade, obviamente, mas sem se sentir culpado ou parecer rude.

Quando a pessoa for pedir algo, diga a ela:

"Puxa, que pena, se você tivesse me pedido antes (ontem, semana passada, cinco minutos atrás, enfim, diga o prazo que for a verdade para você), eu poderia te ajudar; mas agora, infelizmente, vou ter que te dizer 'não', pois já estou com a agenda lotada. Fica para uma próxima".

Você inicia sua resposta sem dizer "não" logo de cara, pois nós não gostamos muito de ouvir "não"; e, com isso, você não vai ficar mal. Ah! Quem possivelmente vai se sentir mal é a pessoa que não foi rápida para te pedir algo, e não você, por ter dito não.

19º. Seja mais você

Lembra que eu te falei, no tópico "blindagem emocional", para se preocupar menos com a opinião do outro e mais com a sua? É isso mesmo, seja mais você e menos o outro.

Noto que há pessoas que deixam de usar uma roupa ou um esmalte por causa do outro. Lembra que te contei uma história sobre isso? Você se lembra da história da Júlia e do Rafa que escrevi no capítulo "Destruidores da autoestima", no tópico "Fazer de tudo para agradar o outro"? É exatamente isso!

Descubra o que você gosta e agrade-se!

Ficar o tempo todo querendo agradar aos outros não faz bem a sua autoestima; agora, agradar e cuidar de si mesmo será sempre ótimo!

No do curso *on-line* MMV, eu ajudo meus alunos a se conhecerem, a viverem de verdade a sua melhor versão, e lá eu faço algumas perguntas para ajudar a pessoa a se reencontrar. Selecionei quatro perguntas para compartilhar com você. Reflita e responda! Seja mais você!

Quem eu sou de verdade?

....
....
....
....
....
....
....
....

Do que eu gosto?

....
....
....

O que quero para a minha vida?

Qual é a história que eu quero escrever?

20º. Pare de se culpar
Quem nunca errou que atire a primeira pedra. Todos nós já erramos. Perdoe-se pelos seus erros! Ficar se culpando só vai consumir sua energia.

Analise a sua comunicação interna, você com você mesmo, e perceba se tem pensamentos como:

- ✓ "Eu não deveria ter feito isso".
- ✓ "Eu deveria ter agido de outra maneira."
- ✓ "Se eu pudesse voltar atrás."

Se você tem esse tipo de diálogo interno, mude e pare de se culpar. Perdoe-se! Aprenda com seu passado e, então, deixe-o para trás. Bora sonhar com seu futuro e viver o hoje!

21º. Perdoe

Repito: quem nunca errou que atire a primeira pedra. Todos nós já erramos, então perdoe os outros pelos erros deles, guardar mágoas só vai consumir sua energia.

Deixe o passado para trás, aprenda com ele e caminhe rumo ao futuro que deseja.

Perdoar não é esquecer, mas é decidir que aquilo que um dia te fez sofrer hoje não te faz mais. Perdoar não é algo emocional, é racional, como eu disse anteriormente, é uma decisão.

Decida perdoar! Decida deixar o passado! Decida deixar as dores para trás! Decida viver mais leve!

22º. Tire aprendizados e pare de se chicotear

Um alto nível de cobrança não vai te ajudar. Isso pode te levar a ter um padrão alto de perfeccionismo, o qual irá te impedir de fazer o que tem que ser feito ou te impedir de se alegrar com o que foi feito... Afinal, como se alegrar se não ficou perfeito?

Eu falo para os meus alunos que ser UAU não tem nada a ver com ser perfeito, mas sim com dar o seu melhor naquele momento, tirar aprendizados e continuar.

23º. Pare de criticar

Pare de se corrigir e censurar o tempo todo. Pare de se desaprovar ou diminuir e pare de fazer isso com quem você convive. Ninguém merece viver assim. Quando você perceber que está criticando, corrigindo, desaprovando, pise no freio e tenha novos comportamentos, como agradecer ou elogiar.

Um exercício que você pode fazer é, ao fim do dia, analisar quem você criticou (desaprovou, corrigiu, menosprezou) e o que poderia ter feito no lugar disso. Anote tudo e vá observando e acompanhando a sua melhoria. Esse é um exercício muito, mas muito profundo mesmo, e que trará transformações significativas na sua vida e na vida de quem você ama!

24º. Pare de focar o negativo

Será que você tem atitudes mais otimistas ou pessimistas? Será que você tem focado mais o positivo ou o negativo?

Para mim, é impossível falar desse tema sem me lembrar de um pesquisador da psicologia chamado Martin Seligman. Seligman escreveu vários livros, e um deles se chama *Aprenda a ser otimista*, no qual ele fala que o otimismo pode ser aprendido e desenvolvido, que combate ativamente a depressão e ainda ajuda no fortalecimento da autoestima.

Mas como fazer isso?

Valorize, no seu dia a dia, mais o que deu certo do que aquilo que não deu; valorize mais o que foi feito do que aquilo que não foi feito, e valorize mais o positivo do que o negativo. Exercite essa valorização todos os dias, e a cada momento você terá resultados surpreendentes!

25º. Aprenda a transformar "merda" em esterco

A vida não é perfeita e nunca será, mas isso não quer dizer que não valha a pena ser vivida com paixão intensa. A vida é cheia de coisas que dão errado, sim. A vida é cheia de "merda", mas podemos (e precisamos) aprender a transformar a merda em esterco, crescer com isso e ainda, quem sabe, ganhar dinheiro.

Há pessoas que jogam as merdas no lixo, outras ganham dinheiro com elas; como é o caso do Paulo Silvestre. Paulo é um empresário de Bauru, cidade do interior de São Paulo. Ele tem o próprio e próspero negócio! O que ele faz? Ele vende esterco aviário desde 2009. Como você já sabe, seu nome é Paulo Silvestre, mas ele é mais conhecido como Paulo Bosta, o empresário de merda.

Não, eu não estou brincando nem zoando, e muito menos fazendo *bullying* com Paulo. Ele é conhecido desse jeito e essa é, inclusive, uma das suas estratégias de marketing.

Por isso, faça como Paulo Bosta e transforme merda em esterco e ganhe com isso!

26º. Coloque-se em primeiro lugar na fila

Quando você for montar a sua agenda do dia, inicie com atividades que sejam, para você, atividades que te coloquem num estado emocional de excelência! Lembre-se da zona de performance e abasteça-se física, mental, emocional e espiritualmente. Depois, comece a cuidar da casa, da família, do trabalho, enfim.

27º. Coloque o outro em primeiro lugar

"Ué, Gi, não entendi! Você falou antes que não era para colocar o outro em primeiro lugar... E agora?"

Não é para colocar o outro em primeiro lugar *sempre*, mas de vez em quando é bom fazer isso, inclusive você pode sinalizar para a pessoa que está fazendo isso por ela, pois você a ama e a estima! Você estará sendo fonte de reflexos positivos para ela!

28º. Direcione seu foco

Vamos fazer um exercício.

O que mais chama a sua atenção na imagem a seguir?

Se focar a carinha triste, você a verá muito mais forte que as outras várias carinhas felizes. Mas o que isso tem a ver com a autoestima? Tudo! Se focar os reflexos negativos que recebeu ao longo da vida, você se sentirá chateado, triste e até mesmo deprimido. Mas se focar os reflexos positivos que recebeu ao longo da vida, você se sentirá muito melhor!

O que você foca influencia 100% na qualidade das suas emoções, e a qualidade da sua vida está diretamente ligada à qualidade das suas emoções. Por isso, direcione o seu foco!

29º. Ouça muita música

Você já aprendeu aqui o poder que a música tem. Por isso, sem enrolação: ouça muita música! Coloque música para despertar, tome banho com música, cozinhe ouvindo música e faça atividade física ouvindo uma *playlist* bacana. Coloque mais música na sua vida!

Ah! E uma confissão: eu escrevi este livro inteirinho ouvindo música (inclusive criei a playlist "Autoestima UAU", você consegue ter acesso a ela pelo QR code a seguir).

30º. Cante

Cante! Cantar dilata o pulmão e abre a sua alma para tudo de bom que a vida tem a te oferecer! Cante desafinado, cante de qualquer jeito, cante no banheiro, cante sozinho, cante acompanhado, cante em português, cante em inglês, cante errado, mas cante! E, ao cantar, deixe se absorver pela música! Você com certeza vai se sentir muito melhor e mais disposto!

31º. Aceite os elogios

Você conhece alguém que tem dificuldades em receber elogios ou até mesmo dificuldades em receber presentes? Conhece? Conhece intimamente? Então, a partir de hoje, quando alguém te elogiar ou te der algum presente, a sua ação será simplesmente dizer: obrigado(a)! Só isso!

Aceite de coração as gentilezas que as pessoas fizerem para você e, é claro, retribua sempre que possível! Essa ação pode parecer simplista, mas, confie, é muito poderosa!

32º. Postura

A pesquisadora e professora de Psicologia da Universidade de Harvard, Amy Cuddy, fala sobre a importância da postura e da linguagem corporal na vida das pessoas. Segundo Cuddy, os gestos e movimentos que fazemos, a forma como andamos, nos sentamos, dormimos e respiramos revela muito sobre como nos sentimos e como nos vemos. Suas pesquisas apontaram que, quando uma pessoa se sente poderosa e confiante, ela expande o corpo, e quando ela se sente inferior ou insegura, ela tem uma postura curvada.

Cuddy afirma que manter uma postura curvada pode fazer com que a pessoa tenha dificuldade em retomar a sua autoconfiança e autoestima, e assim, consequentemente, prejudicar que ela melhore, que ela sinta-se bem e alcance seus objetivos.

Pensando nisso, minha mãe estava certa! Quando eu tinha meus 11 anos (e você já sabe como eu me via e me sentia), minha mãe vivia me falando: "Erga a cabeça, minha filha, arruma esse ombro, nada de ombro caído, vamos!".

E agora, sou eu quem te digo:

"Estufe esse peito, erga a cabeça e arrume esses ombros!".

Para te ajudar a compreender ainda mais, olha só essa tirinha:

33º. Estipule objetivos

Nosso cérebro precisa de orientação exata de para onde irá direcionar a energia; por isso, você precisa estipular objetivos. E quando eu falo estipular objetivos, muitas pessoas acabam pensando em algo só profissional, e não é somente isso, mas sim estipular objetivos para todas as áreas da sua vida: pessoal, emocional, social, financeira, enfim, todas (faremos um exercício para isso no capítulo 15).

Mas lembre-se: estabeleça objetivos e ajude quem você ama a também estabelecer! Na vida, ou a gente floresce ou a gente definha. Traçar objetivos nos ajuda a florescer!

34º. Busque pessoas que te deem suporte

Ter ao seu redor pessoas que possam te dar suporte não é o mesmo que depender delas. Pense nas pessoas com quem você convive; elas te ajudam a trazer à tona a sua melhor versão? Elas te ajudam a ver novas possibilidades? A entrar em ação e fazer acontecer?

Se a resposta for "não", reveja e busque novos relacionamentos! Se for sim, cuide delas com carinho!

Ao mesmo tempo, olhe para a sua postura em relação às outras pessoas: você as ajuda a trazer à tona a melhor versão delas? A ver novas possibilidades? Você as ajuda a entrar em ação e fazer acontecer?

Se sim, UAU! Continue assim! Se não, reveja seus comportamentos para com elas, pois mostrar-se disponível a ajudar é um reflexo positivo poderoso que você envia direto para a autoestima das pessoas.

35º. Divirta-se no seu processo de desenvolvimento

A vida é muito curta para ser levada a sério o tempo todo. Muitas vezes, dizemos coisas do tipo: "Aff, mais um dia", e, na verdade, o correto seria: "menos um dia".

Sim, devemos levar a vida a sério, inclusive, por favor, leve este livro a sério; mas levar a sério não significa que não possamos nos divertir, dar risada, ou melhor, dar gargalhadas até sair som de porquinho! Você sabe do que eu estou falando, né? De quando você ri tanto que parece que falta ar, e quando vai respirar, sai aquele som de ronco! Eu não sei você, mas vira e mexe eu solto um "porquinho"!

Para você ter uma ideia, segundo dados do IBGE (Instituto Brasileiro de Geografia e Estatística), uma pessoa nascida no Brasil em 2018 tinha expectativa de viver, em média, até os 76,3 anos; sendo a expectativa de vida dos homens em torno de 72,8 anos e das mulheres, 79,9 anos.

Essa mesma informação nos anos 1940 era de 45,5 anos no geral, sendo 42,9 para os homens e 48,3 anos para as mulheres. Ou seja, isso é incrível! Nossa expectativa de vida vem aumentando gradativamente ao longo dos anos, e eu acredito que, com todo o avanço da ciência e da tecnologia, vai continuar melhorando, principalmente se também houver um avanço da sabedoria do ser humano. Se as pessoas, isto é, se nós, continuarmos a nos desenvolver emocionalmente.

Mas por que eu trouxe esses dados?

Porque se uma pessoa tem a expectativa de viver 76 anos e 3 meses, quer dizer que ela viverá cerca de 27.830 dias, e todos os dias ela tem que acordar e pensar: "Nossa, um dia a menos. Hoje eu decido viver a minha melhor versão, eu decido ter uma vida incrível".

Por isso, seja leve e divirta-se!

36º. Compare-se a si mesmo

Comparar-se ao outro é altamente destrutivo, mas comparar-se a si mesmo é poderoso. Poderoso mesmo, pois você vai perceber o seu progresso, a sua evolução e o seu crescimento.

Então, pergunte-se com frequência:

"Hoje eu estou melhor do que ontem?"

Se a resposta for "sim", UAU, parabéns você está no caminho certo! Continue! E se a resposta for "não", ajuste suas ações e decida viver a sua melhor versão.

Quando?

Hoje!

Que horas?

Agora!

37º. Inspire e compartilhe

Nós aprendemos muito com as pessoas e suas histórias, e, além de aprender, nos inspiramos ao ponto de ficarmos mais motivados e sermos até mesmo influenciados. Isso quer dizer três coisas:

1ª Escolha pessoas que você possa se inspirar e busque saber mais sobre a história delas.

2ª A sua história também pode inspirar outras pessoas. De repente, hoje você pode pensar que isso é impossível, assim como eu pensava anos atrás, mas olha só o que deu a história da menina, filha caçula, que nasceu no interior do Paraná. Se eu recebo milhares de mensagens agradecendo e dizendo que a minha história inspira, por que não a sua, não é mesmo?

3ª Compartilhe! Escolha uma forma de compartilhar seus aprendizados, sua história, seu desenvolvimento e manda ver! Seja com seus amigos ou com sua família, seja dando seu testemunho em algum local, ou, simplesmente, usando as suas redes sociais para isso, mas faça!

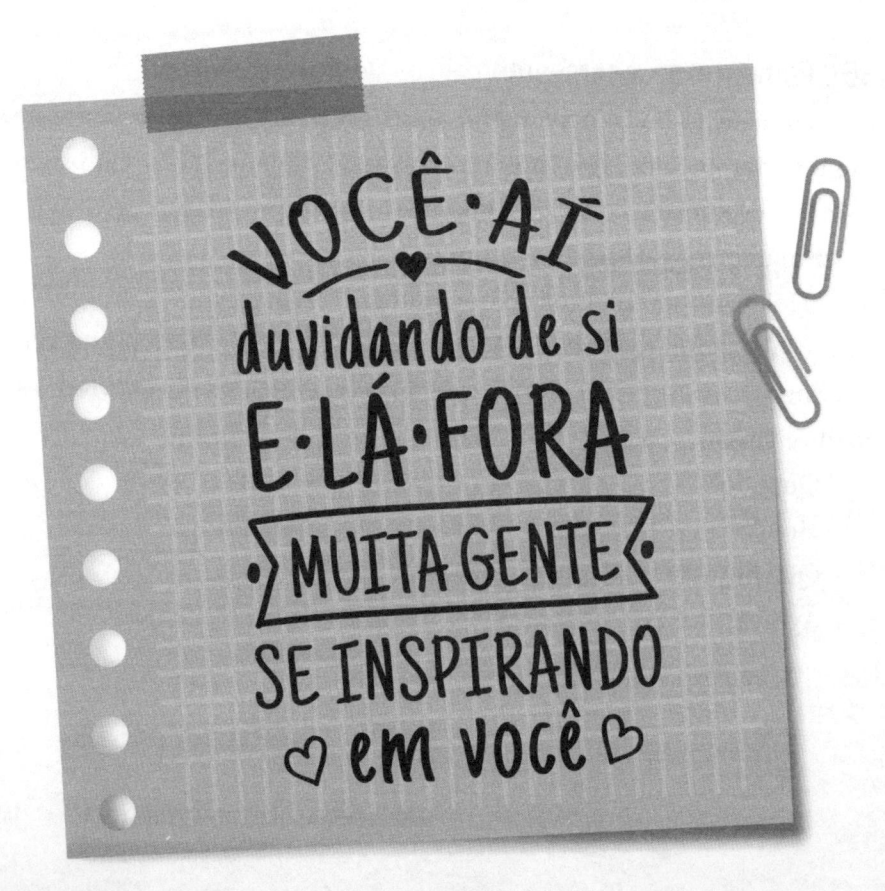

> VOCÊ AÍ duvidando de si E LÁ FORA MUITA GENTE SE INSPIRANDO em você

38º. Seja grato

A gratidão é o antídoto mais poderoso contra qualquer estado emocional negativo. Por quê? Porque é impossível uma pessoa direcionar o seu foco, a sua atenção para identificar e perceber as coisas pelas quais ela é grata, e, ainda assim, se manter chateada, triste, decepcionada ou qualquer outro estado emocional negativo.

Existem inúmeras pesquisas da psicologia que comprovam a eficácia da gratidão para gerar felicidade, bem-estar, motivação e orgulho. Não pense duas vezes, exercite esse músculo. Eu gosto de dizer que a gratidão é como um músculo, que quanto mais a gente malha, mais firme ele fica. Precisamos exercitá-lo todos os dias!

Tem um exercício que aprendi estudando psicologia positiva que é muito fácil e, ao mesmo tempo, forte. Ele se chama *diário da gratidão*.

Como funciona esse exercício?

Todos os dias, no fim do dia, você vai pegar um caderno ou bloco de notas do seu celular e vai escrever três coisas pelas quais você é grato. Sim, todos os dias! Podem ser coisas simples ou não! Escreva!

Eu faço esse exercício desde 2012 e posso afirmar, sem medo nenhum, que sou muito mais feliz hoje!

Quando eu comecei a fazer, também convidei minha família a fazê-lo comigo. Lembro-me de que a Mari tinha seus 5 aninhos e ainda não sabia escrever direito... Mas me lembro como se fosse hoje, ela compartilhando quais eram as três coisas pelas quais ela era grata.

"Quero agradecer porque meu pai trouxe picolé pra casa, porque o dente do meu irmão caiu e porque eu tive Educação Física na escola."

Cada um tinha seu caderno da gratidão.

Com o passar do tempo, o diário da gratidão teve um *upgrade*.

Eu percebi que aquilo que eu aplicava com meus alunos e clientes, também precisava aplicar em mim e aplicar diariamente.

Mas no que eu estava pensando?

Eu estava pensando sobre isto aqui: eu sempre pergunto para meus alunos e clientes: "qual foi seu aprendizado?" (você já deve ter percebido isso), e eu passei a perguntar isso para mim também. Assim, o diário da gratidão teve seu *upgrade* e deixou de ser diário da gratidão e passou a ser "Diário UAU", com duas perguntas:

Quais são as três coisas pelas quais eu sou grata no dia de hoje?
Quais foram meus três principais aprendizados?

Esse *upgrade* fez muito, mas muito sentido no dia em que eu levei um tapa na cara do meu filho...

Vamos a uma história!

Em um sábado, estávamos em casa, eu, Junior (meu esposo), Gabriel e Mariana (meus filhos) e minha sobrinha Giovana (que também é minha afilhada). Estávamos todos no sofá procurando filmes para assistirmos.

Eu não sei como é na sua casa, mas aqui, às vezes, a gente demora mais para escolher o filme do que pra ver o próprio filme, enfim. Estávamos no dilema: "qual filme vamos escolher?", quando o Gab sugeriu um filme a que ele, eu e o Ju já tínhamos assistido, mas a Mari e a Giovana ainda não.

Realmente era um filme muito legal e com uma história leve e divertida, e que ainda tinha uma mensagem inspiradora muito boa (o filme era *Tag*, no Brasil conhecido como *Te peguei*). Mas eu não estava nada a fim de ver um filme repetido. Então convenci a família a primeiro assistir a um filme que eu queria e depois assistir ao filme que o Gab estava sugerindo.

O pior da história é que o filme que eu sugeri era repetido para mim, mas que eu havia gostado muito (sério, olha que ridículo, eu insisti num filme do qual nem me lembro qual era).

O Gab disse assim:

"Mas, mãe, você já não assistiu a esse filme?".

E eu disse:

"Sim, mas só eu vi, vocês ainda não viram e ele é muito bom".

Primeiro que, em se tratando de filme, o que é muito bom pra mim pode ser uma porcaria para o outro e vice-versa, mas tudo bem, eu dei uma engabelada nele e assistimos ao filme.

Quando o filme que eu tinha escolhido terminou, logo em seguida já ligamos o outro e eu, sem perceber, me levantei e fui até a cozinha. Chegando lá, pensei:

"Nossa, eu tenho tanta coisa pra fazer. Vou aproveitar e colocar a roupa para lavar, então vou lavar a louça e depois volto pra sala!".

Na minha cabeça tudo certo, tudo ok, não tinha problema nenhum em fazer isso. Mas eis que, quando eu estava indo pra área de serviço para colocar a roupa na máquina de lavar, o Gab apareceu na cozinha e disse:

"Tudo bem, mãe?".

"Sim, filho, tudo bem. Por quê?"

"Porque você saiu da sala e eu já reparei que você faz isso."

"Como assim, Gab?"

"Acontece assim, mãe: quando é o filme que você escolhe, todos ficam na sala e assistem com você até o final. Mas quando é um filme que você não está muito a fim, você rapidinho arruma algo pra fazer e sai."

…

Essas reticências querem dizer que eu fiquei muda, em choque… pensei:

"O Gab tem razão… que merda".

Respirei fundo e disse a ele:

"Não, Gab. A mamãe não ia fazer nada, não. (risadinhas)… Eu só vim aqui beber uma água! Quer?".

Ele, que mesmo com seus 14 anos não era bobo nem nada, me respondeu rindo…

"Sei, mãe, sei. Mas obrigado, não quero água, não."

…

É, depois dessa... que lavar roupa e louça que nada! Tomei minha água e fui pra sala. Assisti ao filme inteirinho e bem comportadinha, com a bunda plantada no sofá!

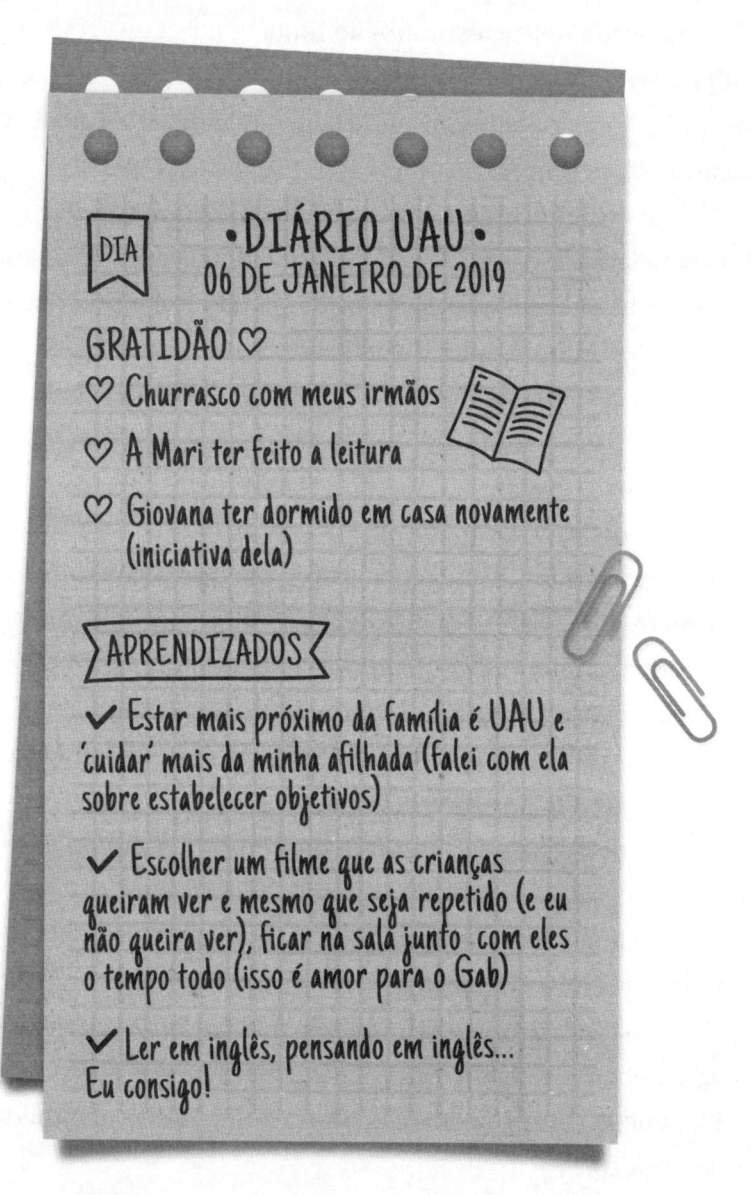

> **DIA** • **DIÁRIO UAU** •
> 06 DE JANEIRO DE 2019
>
> **GRATIDÃO** ♡
> ♡ Churrasco com meus irmãos
> ♡ A Mari ter feito a leitura
> ♡ Giovana ter dormido em casa novamente (iniciativa dela)
>
> **APRENDIZADOS**
>
> ✔ Estar mais próximo da família é UAU e 'cuidar' mais da minha afilhada (falei com ela sobre estabelecer objetivos)
>
> ✔ Escolher um filme que as crianças queiram ver e mesmo que seja repetido (e eu não queira ver), ficar na sala junto com eles o tempo todo (isso é amor para o Gab)
>
> ✔ Ler em inglês, pensando em inglês... Eu consigo!

Esta imagem é uma réplica do meu diário UAU nesse dia!
Obs.: Nunca mostrei isso para ninguém!

O "diário UAU" me ajuda a viver a minha melhor versão todos os dias. Nele eu escrevo as três coisas pelas quais eu sou grata, e depois os três aprendizados que tive no dia. E isso mudou a minha vida!

Então, está aí um convite para você também entrar nessa comigo e fazer o seu "Diário UAU"! Topa?

Vamos começar agora?! Escreva no espaço abaixo três coisas pelas quais você é grato, e depois os três aprendizados que teve no dia de hoje, até este momento:

....
....
....
....
....
....
....

39º. Assuma a responsabilidade

Seria muito fácil se eu dissesse que a responsabilidade de uma pessoa ter a autoestima baixa é dos pais dela, porque eles não foram um espelho adequado e positivo na sua formação. Seria muito fácil, pois assim a responsabilidade seria inteiramente dos pais. Mas seria uma catástrofe, seria muito triste, pois assim essa pessoa estaria ferrada (pra não dizer outra coisa) pelo resto da vida.

Porém, graças à neuroplasticidade que temos (você já aprendeu sobre ela), podemos transformar a autoestima baixa em uma autoestima UAU! Para isso, é preciso assumir a responsabilidade. Responsabilidade em tomar as rédeas da sua vida, em declarar que você é o autor da sua história.

Eu simplesmente amo uma música do Renato Teixeira e do Almir Sater, chamada "Tocando em frente", que diz assim:

> Ando devagar porque já tive pressa, e levo esse sorriso porque já chorei demais.

Hoje me sinto mais forte, mais feliz, quem sabe, só levo a certeza de que muito pouco sei, ou nada sei.*

E com todos esses anos, estudando e vivendo de psicologia, eu realmente creio com toda a minha inteligência e do fundo do meu coração que "cada um de nós compõe a sua história". E este tópico é sobre isso, sobre você assumir a responsabilidade de escrever a sua história!

Assuma a responsabilidade e escreva uma história extraordinária!

40º. Pare de se sabotar

Chegamos ao último comportamento impulsionador da autoestima que quero compartilhar com você: pare de se sabotar.

Todo ser humano tem dentro de si duas vozes: a voz sábia e a voz sabotadora. A voz sabotadora é crítica, exigente, perfeccionista e diz para você o tempo todo frases como:

- ✓ "Você não fez como deveria".
- ✓ "Você deveria ter feito melhor."
- ✓ "Isso não está bom o suficiente."

Essa voz vem com uma desculpa muito boa: ela quer o seu melhor, ela só quer te proteger; e, com isso, ela te impede de ousar, de inovar, de se expor mais; afinal, vai que não dá certo, vai que piora, vai que dá errado, então, é melhor nem tentar.

Isso vai gerando frustração em cima de frustração, e a autoestima vai lá para o subsolo.

Mas como eu te disse, todo ser humano tem uma voz sábia, e essa voz te permite aprender, fazer, errar e aprender novamente. Ela te permite ser curioso, perguntar, testar coisas novas, permite brincar, ser mais leve, dar risada e sair o som do "porquinho" sem se sentir ridículo por isso.

---

* "Tocando em frente", Almir Sater e Renato Teixeira; composta em 1990, várias gravações.

Essa voz acredita em você, acredita no seu potencial e, ao mesmo tempo, ela diz que você precisa melhorar e se desenvolver, ela não mente pra você.

Enfim, todos nós temos essas duas vozes. Mas o raciocínio é:

"Qual voz você tem ouvido mais? A sábia ou a sabotadora?"

"Qual voz está falando mais alto?"

"Qual voz você está precisando erguer o volume?"

O louco de tudo isso é que são só vozes, somente pensamentos. Mas pensamentos muito poderosos!

Um dos treinamentos que mais dou para as empresas está voltado à comunicação, seja na comunicação em público, na liderança ou nos relacionamentos, e para todos os tipos de comunicação é importante saber como controlar as emoções. O problema é que nós não temos controle sobre as nossas emoções.

E pode ser que talvez você esteja pensando:

"Como assim nós não controlamos as nossas emoções?"

Nossas emoções, nossos sentimentos, ficam em uma área do nosso cérebro chamada sistema límbico, sobre o qual nós não temos controle (não é tudo tão simplista como vou te explicar, mas vou buscar deixar menos complexo e, ao mesmo tempo, didático para você). Apesar de não termos controle sobre o nosso sistema límbico… contudo, porém, entretanto, todavia, nós temos controle sobre o que dispara em nós os nossos sentimentos. E esse "disparador" fica no nosso córtex cerebral, ou seja, em uma área sobre a qual nós temos controle!

O que são esses "disparadores"?

São os nossos pensamentos, e funciona assim: um pensamento gera um sentimento. Os sentimentos influenciam os nossos comportamentos. E são os nossos comportamentos que nos conduzem aos resultados.

Guarde isto:

Um pensamento gera um sentimento…

que gera um comportamento...
que conduz a um resultado.

Vamos a uma história.

Rodrigo é um jovem superinteligente, mas tem receio de falar em público. Ele é chamado constantemente para dar palestras e gravar vídeos no formato de entrevistas e, por causa desse receio, ele diz "não" para todos os convites, e está perdendo muitas oportunidades.

Por perder essas oportunidades, Rodrigo se sente ainda pior.

Ele já tentou várias coisas para superar esse receio e nada ajudou; até que um dia, Rodrigo chegou até mim e me disse o que gostaria... E em uma sessão resolvemos a questão do receio que o travava.

Vamos analisar o caso do Rodrigo.

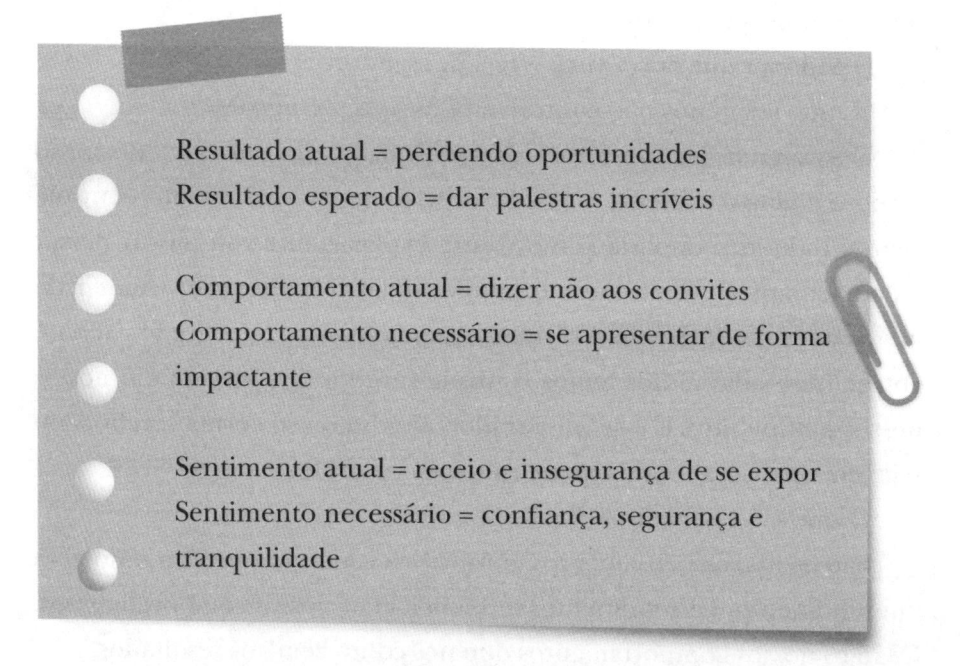

> Resultado atual = perdendo oportunidades
> Resultado esperado = dar palestras incríveis
>
> Comportamento atual = dizer não aos convites
> Comportamento necessário = se apresentar de forma impactante
>
> Sentimento atual = receio e insegurança de se expor
> Sentimento necessário = confiança, segurança e tranquilidade

Mas só com isso não conseguimos ajudar o Rodrigo, precisamos identificar o que está disparando tudo isso.

Após conversarmos, descobri que seus pensamentos eram:

"O que as pessoas vão pensar de mim? E se não gostarem de mim? Meu conteúdo é muito técnico, e se as pessoas acharem chato demais?".

Se um pensamento gera um sentimento, que tipo de sentimento esses pensamentos poderiam gerar?

Obviamente: receio e insegurança.

O que eu fiz nessa única sessão que já resolveu o medo do Rodrigo foi pura psicologia cognitiva: eu o ajudei a transformar seu padrão de pensamento.

Agora pense comigo: que tipo de pensamento o Rodrigo precisaria ter para sentir confiança, segurança e tranquilidade?

Escreva aqui:

....
....
....
....
....
....
....

O que fizemos foi isso! Mudamos os pensamentos do Rodrigo e, após essa mudança, desenvolvemos seus comportamentos com técnicas de apresentação em público. É exatamente isto que eu ensino aos meus alunos do método "Efeito UAU": antes de querer aprender técnicas de oratória e neuro-oratória, antes de aprender como montar uma palestra do zero, como montar slides e contar histórias de forma envolvente, antes disso tudo, é preciso parar de se sabotar e elevar sua voz sábia!

Hoje, após a mentoria, Rodrigo já deu dezenas de palestras, e em todas elas ele foi eleito o melhor ou um dos melhores palestrantes do evento, já deu dezenas de entrevistas, já gravou centenas de vídeos e já lançou seu próprio curso *on-line*, com o qual faturou milhões de reais.

Isso é pra lá de UAU!

Seu cérebro é muito poderoso, seus pensamentos são muito poderosos, não os subestime.

Vou te dar mais um exemplo.

Já aconteceu com você de ter um pesadelo horrível e acordar com o coração acelerado, como se tudo o que você viu no seu sonho tivesse sido real? Um pesadelo no qual você foi assaltado e ficou com muito medo, por exemplo?! Ou uma pessoa que você ama muito morreu e você acorda chorando? Já aconteceu algo assim com você?

Mas por que isso acontece?

Isso acontece porque seu cérebro cria pensamentos e imagens, e a partir desse todo seu corpo responde como se fosse verdade.

Porém, eu te pergunto: onde está o assaltante, onde está a pessoa morta? Tudo isso está só na sua mente, não existiu de verdade (ainda bem), mas o que seu cérebro "vê" ele acredita que é real. Seu cérebro não sabe distinguir o que é real do que é imaginário, se ele viu o assaltante, se ele viu a pessoa morta, mesmo que em um pesadelo, para a sua mente aquilo foi real.

Você já ouviu falar sobre efeito placebo?

Efeito placebo é assim: imagine dois grupos de pessoas, o grupo A e o grupo B, e todas as pessoas, dos dois grupos, sofrem de dor de cabeça.

O grupo A é chamado em uma sala, e então é entregue a cada pessoa o medicamento que realmente tem o composto farmacológico que age para aliviar a dor de cabeça. Ao distribuir o medicamento, o grupo de pesquisadores diz:

"Você está tomando, agora, o medicamento mais eficaz para alívio da dor de cabeça".

O grupo B também é chamado em uma outra sala, e então é entregue a cada membro o medicamento placebo. O que isso quer dizer? Quer dizer que o medicamento é igualzinho ao do grupo A. A mesma cor, textura, tamanho, sabor; mas com uma grande diferença, nesse não há o composto farmacológico que age para aliviar a dor de cabeça.

Porém, o grupo de pesquisadores diz ao grupo B:

"Você está tomando, agora, o medicamento mais eficaz para alívio da dor de cabeça".

O que você pensa que vai acontecer? Qual grupo você imagina que vai sarar da dor de cabeça?

Ambos saram, sabe por quê? Por causa do efeito placebo! O cérebro das pessoas do grupo B acredita que aquele medicamento tem o composto.

Louco, né? Pois é, isso é ciência, isso existe! Por isso, não menospreze seus pensamentos!

Lembre-se:

Um pensamento gera um sentimento, que gera um comportamento, que conduz a um resultado!

Vamos a um exercício para que você possa usar dessa ciência para seu próprio bem! Eu te convido a responder às perguntas abaixo.

O que sua voz sabotadora diz para você? Quais são os pensamentos que você tem e que estão te colocando pra baixo, que estão te sabotando?

....
....
....
....

O que sua voz sábia diz para você? Quais são os pensamentos que você tem e que te colocam pra cima, que te dão força pra continuar e vencer os desafios?

....
....
....
....
....

É fundamental você perceber qual voz está conduzindo a sua vida. A partir de hoje, escolha conscientemente para qual voz você vai dar volume! Vigie os seus pensamentos! Mude a sua chave interna da voz sabotadora para a voz sábia! Só você pode fazer isso por si!

Aplicando esse conhecimento no seu dia a dia, você terá comportamentos UAU de amor-próprio e de valorização do outro. No começo, óbvio, não será espontâneo, demandará esforço e principalmente uma decisão de fazer acontecer o amor na sua vida!

Decisão tomada, plano de ação implementado diariamente e repetidamente, com o tempo, você terá esses comportamentos espontaneamente, sem fazer grandes esforços! Imagina o efeito UAU que isso terá na sua vida e na vida das pessoas que você ama!

Lembre-se:

♡ Estes 40 comportamentos são impulsionadores da sua autoestima e da autoestima de quem você ama:

1. Enxergar e valorizar as qualidades
2. Elogiar
3. Passado, presente e futuro
4. Não finja que está tudo bem, quando não está
5. Buscar desenvolvimento
6. Lembranças e presentes
7. Blindagem emocional
8. Seja seletivo nas suas relações
9. Perceber o progresso
10. Faça por você
11. Chame as pessoas pelo nome e dê a elas um adjetivo carinhoso
12. Reconhecimento
13. Não dependa de "nada" externo

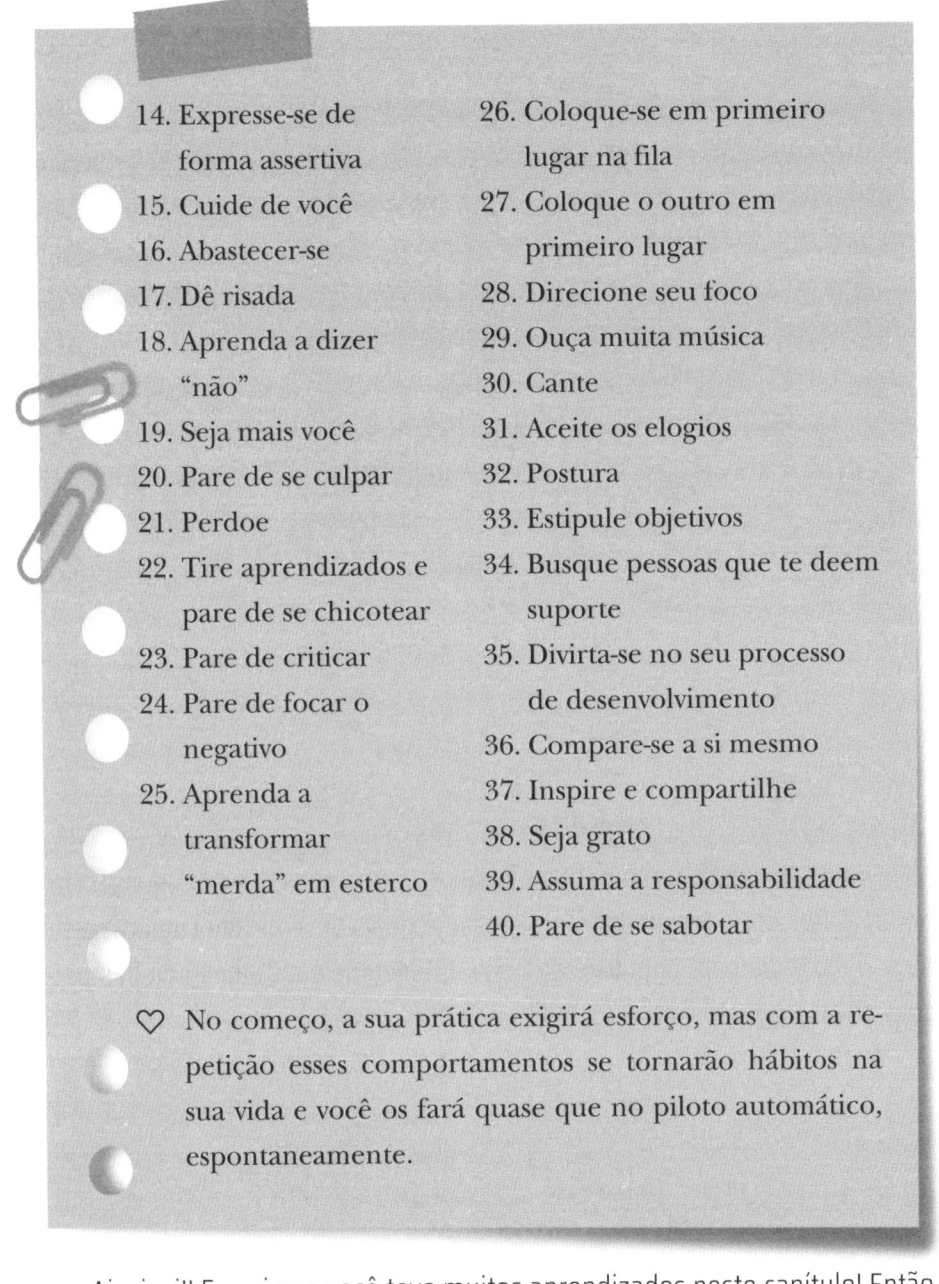

14. Expresse-se de forma assertiva
15. Cuide de você
16. Abastecer-se
17. Dê risada
18. Aprenda a dizer "não"
19. Seja mais você
20. Pare de se culpar
21. Perdoe
22. Tire aprendizados e pare de se chicotear
23. Pare de criticar
24. Pare de focar o negativo
25. Aprenda a transformar "merda" em esterco
26. Coloque-se em primeiro lugar na fila
27. Coloque o outro em primeiro lugar
28. Direcione seu foco
29. Ouça muita música
30. Cante
31. Aceite os elogios
32. Postura
33. Estipule objetivos
34. Busque pessoas que te deem suporte
35. Divirta-se no seu processo de desenvolvimento
36. Compare-se a si mesmo
37. Inspire e compartilhe
38. Seja grato
39. Assuma a responsabilidade
40. Pare de se sabotar

♡ No começo, a sua prática exigirá esforço, mas com a repetição esses comportamentos se tornarão hábitos na sua vida e você os fará quase que no piloto automático, espontaneamente.

Ai, ai, ai!! Eu sei que você teve muitos aprendizados neste capítulo! Então escreva todos eles aqui! Até deixei um espaço maior! Anote aqui:

....
....

Com tudo o que você aprendeu, quais serão as suas ações? A quais comportamentos você decide dar mais ênfase e quais você decide começar a ter no seu dia a dia para impulsionar a sua autoestima e a autoestima das pessoas ao seu redor?

Lembre-se de que você pode compartilhar comigo quais foram os seus aprendizados. Eu ficarei imensamente feliz!

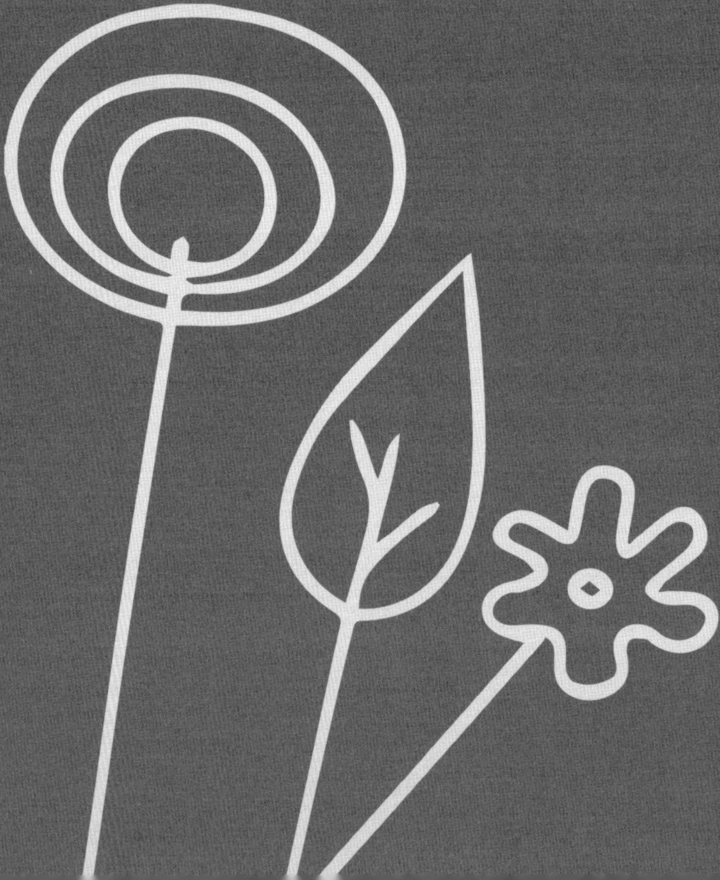

PARTE 4

AUTOESTIMA E RELACIONAMENTOS

Não é possível ser realmente feliz em um relacionamento se a autoestima de uma das pessoas estiver baixa. Isso porque como é possível amar o outro se você não se ama? Como é possível valorizar o outro se você não se valoriza? A psicologia pode contribuir muito para que você seja feliz, para que você seja amado e seja realizado nos seus relacionamentos. Mas preciso te dizer que isso não é mágica, que em um passe de "pirlimpimpim" tudo acontecerá. Definitivamente não é assim! Isso é ciência e, como tal, para dar resultados, precisa ser aplicada! Mas saiba que é 100% possível e prático!

CAPÍTULO 9

Infância, autoestima baixa e carência

É comum me perguntarem se uma pessoa que tem a autoestima baixa desde criança consegue mudar isso, e a resposta é: sim. Como você já sabe, a autoestima não é algo estático e nós temos a neuroplasticidade, que nos permite aprender e nos desenvolver.

Neste capítulo, vou destacar como fazer isso através de três princípios.

Princípio número 1: Autoestima e autoimagem

A autoestima de uma pessoa está ligada à autoimagem dela, e mesmo que até hoje essa pessoa só tenha recebido reflexos negativos, ainda assim, ela pode mudar essa situação e elevar sua autoestima.

Só tem um detalhe para isso realmente acontecer, ela precisará fazer três coisas: parar de focar o passado, ressignificar as suas dores e se abrir às novas fontes de reflexos positivos.

Nós já falamos anteriormente sobre parar de focar o passado e agora vamos falar sobre ressignificar.

Será que se você não tivesse passado pelas dores que já passou ou se você não tivesse vivenciado e superado os desafios que já viveu seria essa pessoa que você é hoje?

Eu penso que não.

Você se lembra da história da Oprah, que contei no início do livro? A Oprah conseguiu ressignificar as suas dores, e a história dela serve de inspiração para milhões de pessoas. Todo sofrimento que ela passou com certeza influenciou para ela ser essa mulher incrível, empática, forte e servidora.

Falando nisso, eu me lembro de duas situações. Uma foi vivenciada por uma cliente de mentoria, Letícia, uma mulher maravilhosa em todos os sentidos. Ela foi negada pela mãe quando já era adulta. Sua mãe participava de uma religião com regras muito rígidas, e uma dessas dizia que quando uma pessoa é casada, ela nunca poderá se separar; mas, se o fizer, nunca poderá se casar novamente.

Letícia vivia em um casamento que estava muito, mas muito ruim e decidiu se separar.

Sua mãe disse:

"Se você se separar, não será mais minha filha".

E a partir desse dia, assim foi.

Tempos depois, ela se casou novamente, e sua mãe não foi ao casamento.

Letícia ficou grávida da Aninha, e sua mãe nunca foi conhecer a neta.

Seu atual esposo é uma pessoa muito boa, mas tinha uma irmã que era péssima mãe e maltratava a filha (Claudia), que tinha só 8 anos.

Letícia conversou com o esposo, e os dois resolveram adotar Claudia. Agora a família estava completa.

E a mãe dela?

A mãe dela nunca viu nenhuma das netas.

É claro que essa situação deixava Letícia triste, magoada e chateada.

Para ajudar, a mãe de Letícia sofreu um acidente e ficou em coma! Letícia sempre visitou a mãe e ajudou a cuidar dela, mas aquela dor permanecia no seu coração.

Como pode uma mãe abandonar a filha?

Isso não cabia na cabeça de Letícia, e eis que um dia eu perguntei:

"Letícia, você se considera uma boa mãe?".

"Sim, com certeza. Pra mim, Gi, ser mãe é algo muito importante!"

"Mas você se considera uma boa mãe tanto para a Aninha como para a Claudia?"

"Com certeza. As duas são igualmente minhas filhas. Não há diferença entre elas."

"E você se imagina vivendo sem a Aninha?"

"Não, lógico que não!"

"E sem a Claudia?"

"Não... elas são a minha vida!"

Nesse momento, começaram a descer lágrimas pelos seus olhos... mas eu continuei.

"Letícia, me conta uma coisa, quanto doeu e dói você ter sido abandonada e negada pela sua mãe?"

Com a voz embargada, ela disse:

"Muito...".

"Agora me fala a verdade, se sua mãe não tivesse te abandonado, se a sua mãe não tivesse te negado, será que você seria hoje essa mãe incrível e presente para a Aninha? Será que você teria adotado a Claudia já com 8 anos? Será que você a amaria como a ama hoje? Será que você saberia a real importância de uma mãe? Será que você seria essa mulher e mãe que você é hoje?"

Respirando forte e segurando a emoção, ela me respondeu:

"Não... com certeza, não!".

Nesse dia, Letícia saiu com uma tarefa muito diferente da nossa sessão de mentoria: na próxima visita para a mãe (que ainda estava em coma), dizer para ela bem no seu ouvido:

"Mãe, eu te perdoo! E obrigada por tudo o que você fez comigo... Se não fosse por isso, eu não seria a mãe que eu sou hoje. Obrigada!".

Não importa a idade em que você tenha sofrido, que você tenha vivenciado reflexos negativos que te marcaram e marcam até hoje, você pode ressignificar e viver uma vida mais leve e mais feliz! Se a Letícia conseguiu, você também consegue!

A segunda história é sobre meu pai, Antonio, e eu.

A maior dor que eu já passei até este momento foi a morte do meu pai. Eu não sei se você já perdeu alguém que você ama, mas dói demais.

Meu pai era uma pessoa incrível, um ser humano do bem, um homem muito honesto e trabalhador, uma pessoa otimista, motivada e motivadora. E a sua morte deixou um oco dentro do meu ser.

Por muito tempo, a dor da sua perda era algo que me consumia por dentro, como uma chama de angústia que me queimava. Mas um dia eu tomei uma decisão, a decisão de me importar com o que verdadeiramente importa, a decisão de fazer acontecer com os recursos que eu tenho hoje, a decisão de viver cada dia intensamente, de viver entendendo que é um dia a menos, e não um dia a mais. A decisão de ser um ser humano melhor, uma filha, irmã, esposa, mãe, amiga, profissional melhor.

A morte precoce do meu pai (fruto de um acidente de carro) me ensinou que realmente nunca saberemos a hora do último abraço, do último beijo, do último "eu te amo". E tudo isso fez com que eu me tornasse uma pessoa melhor.

Eu ressignifiquei a morte do meu pai, e isso me ajudou a continuar a minha jornada de uma forma mais leve e amorosa!

O que você está precisando ressignificar para continuar a sua jornada?

Ressignifique!

Ressignificar não é fácil, eu sei. Mas é possível e vai te ajudar! Se você não conseguir fazer isso sozinho, busque a ajuda de um profissional da psicologia!

E para contribuir mais com você, quero te perguntar:

Quais dores você já viveu?

Quais problemas você teve que superar?

Quais desafios você venceu e que, de uma forma ou de outra, te ajudaram a ser essa pessoa linda, incrível e extraordinária que você é hoje?

Como esses desafios te ajudaram?

Escreva:

....
....
....
....
....
....
....

Parabéns por ter superado! Parabéns por transformar merda em esterco! A vida é assim, com algumas merdas, mas é linda e vale a pena ser vivida com intensidade e amor!

Princípio número 2: Autoestima e autoconfiança

A autoestima está ligada à autoconfiança, ou seja, ao quanto a pessoa confia em si mesma, o quanto ela se sente segura de si. E isso tudo pode ser alterado pelos próprios reflexos que a pessoa se dá. Então, se a pessoa parar de se sabotar, de se criticar, de se menosprezar, se ela reconhecer as suas qualidades, suas forças e as utilizar na potencialidade máxima, enfim, se ela aplicar o que aprendeu nos capítulos anteriores e aplicar o que vai aprender no capítulo 12, ela vai se sentir mais segura de si e mais otimista!

Princípio número 3: Autoestima e carência afetiva

A autoestima está ligada ao nível do pote. Mas o que é o "nível do pote"? Para te responder, vamos imaginar uma situação.

Bianca era uma jovem linda e superconfiante, mas seu namorado Guilherme era inseguro e ciumento. Na verdade, Bianca tinha a autoestima elevada e seu namorado, baixa.

Ela trabalhava em uma empresa que tinha vários outros jovens como ela, e no seu departamento tinha Karina, uma jovem inteligente e ainda mais linda que Bianca, mas infelizmente a autoestima de Karina era baixa.

Bianca sempre foi muito alegre e dinâmica, bem disposta e animada; mas ultimamente estava se sentindo cansada, tanto no seu relacionamento amoroso como no seu trabalho; contudo ela não conseguia identificar exatamente o que era, pois gostava do namorado e também gostava do que fazia na empresa.

Considere que quem está com a autoestima elevada vale um ponto e quem está com sua autoestima baixa vale zero ponto. Assim, temos:

Bianca – 1 ponto

Guilherme – 0 ponto

Karina – 0 ponto

Como você pode observar, tanto Guilherme quanto Karina são pessoas carentes, mas será que Bianca não é? Na verdade, aqui entra o conceito do *nível do pote*. Sim, Bianca também é carente, pois segundo esse conceito que foi publicado pela psicoterapeuta americana Virginia Satir, toda pessoa é carente.

O ponto é que nem todos são igualmente carentes. Assim, uma pessoa pode ser mais carente do que a outra, e esse tamanho da carência, segundo Satir, depende de dois fatores: o primeiro é o tamanho do pote e o segundo é como está o nível deste, se ele está vazio de reflexos positivos ou não.

Uma observação é que esses reflexos podem ser tanto das pessoas com que ela já conviveu ou convive como também da própria pessoa. Por exemplo, se Guilherme está com seu pote vazio, ele está sedento por reflexos positivos e está mais carente; e seu pote pode ser preenchido tanto pelas suas relações interpessoais, mas principalmente pela sua relação intrapessoal, ou seja, dele com ele mesmo.

Sobre o fator do tamanho do pote, para visualizarmos melhor, gosto de pensar que o tamanho do pote é como se fosse o tamanho de um tanque de combustível de um carro. Há carros que ficam com seu tanque cheio com 50 litros de combustível, outros com 60 litros já estão com seu tanque completo, outros com 70, e por aí vai.

Assim chegamos à conclusão de que toda pessoa é carente, umas mais e outras menos, e que essa carência está ligada à construção do eu, ao quanto, por exemplo, uma pessoa teve que espernear, teve que se estrebuchar para receber reflexos positivos, para receber atenção e amor.

Eu te convido a refletir... "Como está hoje o nível do seu pote? Vazio? Cheio? Mais ou menos? Melhorando?"

E se eu tivesse feito esta mesma pergunta para você no início da leitura deste livro... "Como estava o nível do seu pote antes de você começar este processo de desenvolvimento? Você percebe se tem melhorado?"

Se sim, pense por um tempo o que você fez e que já está trazendo melhores resultados para você e sua autoestima:

....
....
....
....
....
....
....

Vamos voltar a Bianca, Guilherme e Karina!

Quando falamos em relacionamento, a autoestima é indispensável para ter ou não sinergia. Sinergia é uma palavra derivada do grego "synergein", cujo prefixo "syn" significa "agir em conjunto" e "ergon" quer dizer "trabalho". Dizemos que há sinergia em um relacionamento quando há entendimento, cooperação, união e soma. É como se dessa soma pudesse nascer algo novo.

Assim, se Bianca se relaciona com Guilherme e sua autoestima vale 1 e a de Guilherme vale 0, esse casal, na sua opinião, tem sinergia ou não?

E Bianca e Karina, têm sinergia ou não?

Infelizmente, não. Pois quando se fala em autoestima e relacionamento, a conta não é seguindo o princípio da matemática; na matemática 1 + 0 = 1, aqui não; aqui 1 + 0 = 0.

Isso quer dizer que, se em um relacionamento uma pessoa tiver a autoestima baixa, ela pode vir a anular a autoestima da outra, por isso blindagem emocional é tão importante.

E quando as duas pessoas têm a autoestima elevada, o que acontece? Aí sim temos a sinergia. Neste caso, 1 + 1 = 2!

Pensando nisso, conseguimos compreender por que Bianca tem se sentido cansada. Mas será que isso quer dizer, por exemplo, que Bianca deve terminar o seu namoro com Guilherme porque ele tem a autoestima baixa?

Não, de jeito nenhum. Isso quer dizer somente que:

1. Guilherme precisa melhorar sua autoestima urgentemente.
2. Bianca pode ser fonte de reflexos positivos para ele e também, em alguns momentos, se blindar emocionalmente!

A respeito da contribuição de Bianca para elevar a autoestima de Guilherme, pode haver um problema, e esse problema é se ele ficar esperando que ela sempre o complemente.

Ficar esperando que outra pessoa te complete, te ame, te ajude é um problema bem sério.

A carência está ligada à nossa eterna criança, e há crianças que fazem birra quando não ganham o que querem. Se uma pessoa já adulta ainda tiver a sua criança carente demais, ela pode, literalmente, fazer birra para conseguir a atenção que quer do outro. E isso é um saco, e se torna um "fardo" numa relação. Isso desgasta e acaba afastando as pessoas.

Por isso, cuidado! Analise como está o nível do seu pote e cuide dele com bastante carinho e atenção! Dentro do meu site www.giisquierdo.com há um teste gratuito para você descobrir como está a sua autoestima, ou, se preferir acesse direto www.minhamelhorversao.com/teste-de-autoestima/. Faça o teste de autoestima e descubra agora mesmo, como está o nível da sua!

Por que é tão importante você saber o nível da sua autoestima?

Porque, como você já sabe, além da autoestima impactar em todas as áreas da sua vida, ela é sazonal, então hoje ela pode estar baixa; aí você descobre isso, faz todo seu plano de ação e daqui um mês ela pode ter melhorado e estar elevada.

Para fechar o capítulo, quero responder outra pergunta que recebo com frequência.

"Ter muita autoestima é ruim?"

Não, não é ruim, até porque a autoestima é um sentimento calmo de valor próprio. Não é porque a autoestima da pessoa está no topo, lá nas alturas, que ela vai ficar se achando a tal e ter uma postura arrogante! Ela pode, sim, se achar a tal e realmente ser "a tal", e ao mesmo tempo ser supersimpática e leve, ser zero soberba e zero orgulhosa (orgulhosa no sentido negativo da palavra).

E você, me conta... você se acha "a/o tal"?!

Lembre-se:

- ♡ uma pessoa que tem a autoestima baixa desde criança consegue mudar essa situação;
- ♡ para isso acontecer, a pessoa precisa parar de focar o seu passado, ressignificar as suas dores e se abrir às novas fontes de reflexos positivos;
- ♡ a autoestima está ligada à autoconfiança;
- ♡ toda pessoa é carente, mas nem todos são igualmente carentes;
- ♡ conceito do nível do pote: $1 + 0 = 0$, isso quer dizer que, se em um relacionamento uma pessoa tem a autoestima baixa, ela pode vir a anular a autoestima da outra. Por outro lado, $1 + 1 = 2$, e nesse relacionamento haverá sinergia;

♡ a carência está ligada à nossa eterna criança, e há crianças que fazem birra quando não ganham o que querem. Se uma pessoa já adulta ainda tiver a sua criança carente demais, ela pode, literalmente, fazer birra para conseguir a atenção que deseja do outro;

♡ ter muita autoestima não é ruim.

Quais foram os aprendizados que você teve com este capítulo? Chegou o momento de fixar seu aprendizado. Escreva todos seus aprendizados aqui:

....
....
....
....
....
....

Com tudo isso que você aprendeu, quais serão as suas ações?

....
....
....
....
....
....

Lembre-se de que você pode compartilhar comigo quais foram os seus aprendizados. Eu ficarei imensamente feliz!

CAPÍTULO 10

Autoestima e as redes sociais

Este capítulo é curto e profundo. Vamos falar sobre redes sociais e autoestima. Para começar, alguns dados publicados pela Global Digital Statshot em 2019 (relatório feito pelas empresas americanas de dados Hootsuite e We Are Social).

Aqui irei ressaltar os dados do Brasil, mas se você tiver curiosidade de saber mais sobre isso, acesse o site datareportal.com.

- 3,5 bilhões de pessoas possuem cadastros em alguma rede social, ou seja, praticamente metade da população do planeta (7,7 bilhões de pessoas).
- 66% da população brasileira utiliza alguma rede social, isso equivale a mais de 140 milhões de usuários ativos.
- No último ano, o Brasil foi um dos países com maior crescimento no número de usuários nas redes sociais, com mais de 10 milhões de novos clientes.
- Um cidadão brasileiro passa, em média, 3 horas por dia nas redes sociais.

Confesso que quando vi esses dados fiquei chocada, mas ao mesmo tempo pensei:

"Isso porque esse relatório foi feito praticamente um ano antes da pandemia mundial causada pelo novo coronavírus (Covid-19). Imagina como deve estar agora".

Muitos de nós passamos horas das nossas vidas nas redes sociais. Vamos fazer uma conta simples e boba. Lembra que te falei que a estimativa de vida de uma pessoa, segundo o IBGE, está em torno de 76 anos e 3 meses, e que isso quer dizer que ela viverá cerca de 27.830 dias? Então, pensando nisso, se uma pessoa fica em média três horas por dia nas redes sociais (estou falando especificamente de redes sociais e não de ficar na internet de forma geral, e-mail, sites de busca etc.), isso quer dizer que, se ela viver até os seus 76 anos e 3 meses, terá gastado 74.500 horas da sua vida, ou seja, 3.104 dias da vida só nas redes sociais (para ter esse resultado, foi desconsiderada a idade até os 8 anos).

Qual o problema disso?

Talvez nenhum, a não ser que ela cometa o crime de ficar:

1. pensando que a vida é aquilo que é publicado nas redes sociais, porque não é. As redes sociais estão repletas de "filtros" da beleza e estratégias de marketing. As pessoas publicam o que elas querem que você veja, e não a verdade tal qual ela é. Se um influenciador digital quer que você o veja triste, ele fará um vídeo sem filtro nesse dia. Se não, ele mostrará um recorte da vida dele, de preferência um em que ele está todo pleno e lindo!

2. vendo uma pessoa nas redes sociais e se comparar a ela (pode ser uma pessoa qualquer, pode ser uma pessoa conhecida ou da família, ou um influenciador que você siga, ou uma pessoa desconhecida, não importa).

Pronto, bastou um segundo; você vê uma publicação, se compara e BOOM, sua autoestima explode e virá pó. Vai lá pra baixo.

Cuidado, cuidado e cuidado. Mil vezes cuidado com o que você faz na internet, com o tempo precioso que você gasta nas redes sociais, rolando um *feed* de notícias sem fim.

Cuidado com quem você segue, por quem você "decide" se deixar influenciar. Preste atenção se você, de repente, não está precisando fazer uma faxina em quem anda seguindo, em quem você acompanha, e se você não está precisando ser mais seletivo nos seus relacionamentos *on-line*!

Lembre-se:

- ♡ praticamente metade da população do planeta possui cadastros em alguma rede social;
- ♡ 66% da população brasileira utiliza alguma rede social e chega a gastar em média três horas por dia nas redes;
- ♡ as redes sociais estão repletas de "filtros" da beleza e estratégias de marketing;
- ♡ as pessoas não publicam a vida real, elas publicam o que elas querem que você veja;
- ♡ ficar olhando as redes sociais e se comparar é altamente destrutivo para a sua autoestima.

Quais foram os aprendizados que você teve com este capítulo? Chegou o momento de fixar seu aprendizado. Escreva aqui:

....
....
....

....
....
....
....

Com tudo o que você aprendeu, quais serão as suas ações?

....
....
....
....
....
....
....

Lembre-se de que você pode compartilhar comigo quais foram os seus aprendizados. Eu ficarei imensamente feliz!

CAPÍTULO 11

Como ter um efeito UAU nos seus relacionamentos

Para você ter um efeito UAU nos seus relacionamentos, vou compartilhar seis pilares que, se aplicados, você terá relacionamentos muito mais saudáveis, felizes e duradouros!

1º PILAR – Manter sua autoestima elevada

Você já está careca de saber que para ter um efeito UAU nos seus relacionamentos, primeiramente, você vai precisar estar com a sua autoestima elevada. Isso quer dizer que vai sempre precisar cuidar de você e se dar reflexos positivos, e também se abrir para receber reflexos positivos das pessoas ao seu redor.

2º PILAR – Ser fonte de reflexos positivos para a outra pessoa

Segundo lugar, para ter um efeito UAU nos seus relacionamentos, você vai precisar cuidar da autoestima da pessoa com quem você vai se relacionar. Você vai precisar ser fonte de reflexos positivos para ela.

Uma forma de fazer isso é dar tempo de qualidade para quem você ama, valorizar suas ações e sentimentos e elogiar. (Sobre o elogio vou te ensinar a fazer isso de uma forma muito profunda no capítulo 13. Aguarde!)

3º PILAR – Ter uma comunicação assertiva

Você já aprendeu que uma pessoa que tem a comunicação agressiva usualmente tem a autoestima baixa e que, se uma pessoa tem uma comunicação passiva e fica "engolindo sapos", isso vai contribuir para que a autoestima dela seja rebaixada. Assim, a melhor comunicação é a assertiva, na qual a pessoa fala o que pensa e sente, respeitando a si e a quem a escuta.

Sim, eu sei que você já aprendeu tudo isso aqui no livro, mas estou retomando, pois não é possível ter um efeito UAU nos seus relacionamentos se uma das pessoas envolvidas não tiver uma comunicação assertiva.

Por exemplo, imagina que Arthur é casado com Vivian e que no começo tudo era uma maravilha, mas que, com o passar do tempo, Vivian foi deixando de expressar o que pensava e sentia, pois tinha receio de perder Arthur. Com isso, Vivian passou a não mais discordar de seu esposo, passou a não mais falar sobre seus sentimentos e pensamentos, já que sabia que ele não concordaria com sua opinião e que isso, possivelmente, geraria uma discussão. Como ela odiava discussões, o melhor mesmo era se calar e guardar tudo para si.

Arthur e Vivian não brigam, não discutem, mas também não conversam.

Calma, não estou afirmando que para um casal se acertar e ser feliz tenha que discutir, mas é preciso conversar e ter assertividade na sua comunicação, e tudo bem discutir algumas vezes para se acertar no final.

Vivian tem uma comunicação passiva e isso trará consequências negativas para o casamento.

Agora pense em outro casal, Felipe e Lara, que hoje estão completando 1 ano de namoro.

Felipe manda uma mensagem para Lara e eles começam a conversar.

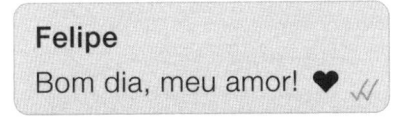

> **Felipe**
> Bom dia, meu amor! ♥

> **Lara**
> Bom dia, amor! ♥

> **Felipe**
> Hoje é um dia especial e quero te levar pra jantar fora!

> **Lara**
> Hoje é mesmo!!! 😍 Claro! Vamos sim! Que horas vc me pega em casa?

> **Felipe**
> Umas 20h eu passo aí!

Lara, no mesmo momento, já começa a planejar que roupa vai usar e passa o dia todo pensando no jantar de comemoração de 1 ano de namoro! Afinal, não é uma comemoração qualquer. Um ano é muita coisa!

O dia passa e Lara vai para casa. Começa a se arrumar às 18h30 para estar pronta às 20h. Felipe, por sua vez, chega em casa às 18h30 e começa a se arrumar às 19h30.

Lara toma um banho, seca o cabelo e faz uma escova; capricha na maquiagem e prova mil roupas, até que decide por um vestidinho branco! Ela se olha no espelho e pensa: "Será que ele vai me achar bonita?".

Felipe se arruma em vinte minutos e manda uma mensagem às 19h50.

> **Felipe**
> Saindo de casa!

> **Lara**
> Que bom! Já estou quase pronta! 😃

> **Felipe**
> 👍

Exatamente às 20h05, Felipe manda outra mensagem.

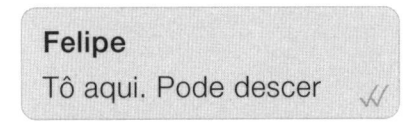

> **Felipe**
> Tô aqui. Pode descer

> **Lara**
> Descendo 😊 😊 😊

Antes de entrar no carro, ela percebe que está tocando uma música do Bruno Mars, que, além de ser romântica, ela adora: "Just the way you are" ("Do jeito que você é"). Ela entra no carro e eles se cumprimentam com um longo beijo carinhoso! Ela está feliz e ele também!

Eis que ele pergunta:

"Amor, onde você quer ir jantar?".

"Ah, amor, você quem sabe!", ela responde.

"Fala, amor, aonde você gostaria de ir?", ele insiste.

"Amor, você quem sabe! Pode escolher!", ela responde.

Bem, "pode escolher" é "pode escolher"! "Você quem sabe" é "você quem sabe"! Então, Felipe liga o carro e começa a dirigir!

Ela está toda animada e vai contando sobre seu dia. Além de animada, ela está toda romântica. Coloca o braço sobre seu pescoço e vai fazendo carinho no cabelo dele, exatamente como ele gosta! Ele, por sua vez, coloca a mão sobre a perna dela e vai fazendo carinho. Quando o carro para no semáforo fechado, eles não perdem tempo e se beijam!

Eis que chegam ao lugar que Felipe escolheu: uma churrascaria por rodízio.

Lara olha e fala:

"É aqui?".

"Sim, você não gostou?", Felipe responde.

"Não, não é isso... Vamos?", ela diz e faz um sinal para descerem do carro.

Já dentro do restaurante, Felipe percebe que tem algo de errado. Lara, que estava toda falante e carinhosa dentro do carro, agora está meio quieta! E ele pergunta:

"Aconteceu alguma coisa?".

E ela:

"Nada".

Nem Lara sabe o que é, mas é como se de repente ela se sentisse meio frustrada, chateada, irritada e brava, tudo junto!

Felipe acha estranho e resolve fazer a fatídica pergunta:

"Eu fiz algo de errado?".

E Lara repete:

"Não, nada não. Tá tudo bem!".

Mas seu corpo diz outra coisa!

Lara, no fundo, criou na sua mente uma expectativa de um jantar mais romântico; quem sabe em um restaurante italiano, à meia-luz, um vinho e uma massa, um sentadinho perto do outro... E não uma churrascaria por rodízio com espeto pra lá e espeto pra cá.

Mas Lara, além de não ter seu autoconhecimento muito bem desenvolvido, ainda disse para ele: "você quem sabe".

É... definitivamente Lara não foi nada, nada assertiva!

Sabe, nós não nascemos assertivos, agressivos ou passivos; nós aprendemos isso ao longo da vida e podemos aprender agora! Sim, precisará de esforço, mas é possível, e saiba que os resultados serão incríveis!

Lembre-se de que uma comunicação assertiva envolve muito mais do que as palavras em si, envolve também a forma como as palavras são ditas. Por exemplo, pode haver muita agressividade na seguinte fala:

"Você poderia pegar um copo d'água pra mim, por favor?".

Mesmo utilizando "poderia" e "por favor", essa frase poderia ser superagressiva se o tom da voz, se o tônus muscular, se a expressão facial, se o olhar não forem condizentes ao estado emocional de amor, carinho, respeito; mas, pelo contrário, se passar um estado emocional de irritação ou frieza, ou descaso, ou menosprezo, ou arrogância... essa frase será 100% agressiva.

Por isso, ao se comunicar com quem você ama e quer bem, com quem você quer ter um efeito UAU, pense no que falar e na forma, escolha o tom da voz, o olhar, pense na sua postura e nos seus gestos!

4º PILAR – Ser empático

Este pilar vai te ajudar a criar conexão profunda com uma pessoa, mesmo que ela seja absurdamente diferente de você!

Empatia é a habilidade de ver, ouvir e sentir através do outro, é entrar na pele do outro. É, por um momento, sentir o mundo como se fosse a outra pessoa. Para uma pessoa agir de forma empática, ela precisa se despir do seu "eu" e se vestir do "eu" do outro.

Se uma pessoa não age de forma empática, ela pode agir de outras duas formas: antipática e simpática.

Vamos aos exemplos.

Felipe (do exemplo anterior) está preocupado com sua vida amorosa, pois está percebendo que sua namorada, Lara, anda meio estranha depois que completaram 1 ano de namoro.

Em uma sexta-feira à noite, ele chama sua namorada para ir a um show, porque ganhou dois ingressos em cima da hora.

Felipe então manda uma mensagem.

> **Felipe**
> Amor, estou superfeliz! Tenho uma novidade para você! É uma novidade/presente!

> **Lara**
> Oi! 😊 Que legal! O que é?

Obs. 1: Repare que a conversa tem bem menos emojis do que anteriormente e que Lara está mais direta e menos melosa.

> **Felipe**
> Ganhei dois convites para irmos hoje ao show do Jorge e Mateus!

Obs. 2: Felipe adora a dupla sertaneja Jorge e Mateus e gostaria muito de ir neste show, mas quando foi comprar os ingressos já estavam esgotados.

Ela estava *on-line* no WhatsApp, mas responde dez minutos depois.

Obs. 3: Dez minutos depois, neste caso, equivale a uma hora de espera no relógio emocional!

> **Lara**
> Que legal!

Felipe fica esperando o resto da mensagem... Passam mais trinta minutos e nada! Até que ele manda:

> **Felipe**
> Que horas eu te pego? Umas 21h está bom? Assim a gente come algo antes e chega lá mais cedo!

Obs. 4: Se você é uma pessoa da época em que os shows começavam às oito da noite, saiba que hoje em dia começam lá pela meia-noite!

Eis que ela responde:

> **Lara**
> Ah, vai você. Estou com muita cólica e prefiro ficar em casa vendo um filme!

Ele fica meio chocado, mas como quer muito ir ao show, ele diz:

> **Felipe**
> Tem certeza?

> **Lara**
> Sim, pode ir numa boa!

Obs. 5: Raramente uma mensagem como essa quer dizer isso mesmo. Na maioria das vezes, quer dizer: "Se você for, eu vou ficar muito triste e chateada, talvez até puta da vida; mas você quem sabe...".

Enfim, Felipe liga para um amigo "veio de guerra", Fernando, que também queria ir ao show, mas não conseguiu convite. Os dois decidem ir para o show de Uber e, quando estão no caminho, ele manda uma foto pra ela.

Imagina a foto: ele dentro do carro, no banco de trás e ao lado do amigo "veio de guerra" (de quem Lara muito provavelmente não gosta).

> **Lara**
> Bem, tire você suas conclusões de onde isso vai dar...

Podemos perceber que a comunicação de Lara é passiva, mas eu te contei toda essa história para chegar neste momento.

Felipe chega ao local do show e se senta no bar para tomar uma cerveja e comer, quando encontra mais dois amigos, Alexandre e Eduardo, que está com sua namorada Grazi!

Os amigos começam a perguntar onde está Lara e por que ela não veio, mas Felipe busca desconversar. Os caras ficam insistindo e perguntando o que ele tem e por que está com essa cara estranha; até que ele resolve contar que a Lara não quis ir ao show, porque preferiu ficar em casa vendo um filme. Cada amigo reage de uma forma.

"Você é burro, cara? Ela vai te dar um pé... você vai ver! Ela tá vendo filminho abraçadinha com outro. Isso, sim!", diz Fernando.

"Que mancada, cara! Mas vamos aproveitar que você veio e bora curtir! Depois você vê o que faz! Eu já passei por isso... Não liga, não. Amanhã vocês se acertam!", fala Alexandre.

"Putz, cara. Imagino como você deve estar chateado, porque no fundo você queria que ela estivesse aqui com você", comenta Eduardo.

Vamos analisar a resposta de cada um dos amigos, pois nelas podemos perceber que uma resposta foi empática, outra simpática e a outra antipática.

Para te ajudar, saiba que a resposta simpática busca gerar conexão com a pessoa que fala, mas rapidamente corta essa conexão ou desmerecendo o que a pessoa falou ou mudando o foco ou buscando uma solução rápida para a situação; no entanto, ela faz tudo isso de uma forma *educadinha*, ou seja, simpática!

A resposta antipática é formulada de forma rude e instantaneamente corta a outra pessoa que está falando, e o faz de forma grosseira, podendo até mesmo ser agressiva.

Na resposta empática, a pessoa se coloca no lugar do outro e busca entender o que a outra pessoa sentiu. Ela é desprovida de julgamento e movida até mesmo por um sentimento de compaixão.

É fundamental você saber que a empatia acontece em duas etapas. Na primeira etapa, a pessoa se coloca no lugar da outra, sem julgar, e na segunda, ela comunica a sua compreensão, e o faz de forma assertiva!

Pensando nisso, responda:

Em sua opinião, a resposta do Fernando foi o quê?

"Você é burro, cara? Ela vai te dar um pé... você vai ver! Ela tá vendo filme abraçadinha com outro. Isso, sim!"

E a resposta do Alexandre?

"Que mancada, cara! Mas vamos aproveitar que você veio e bora curtir! Depois você vê o que faz! Eu já passei por isso... Não liga, não. Amanhã vocês se acertam!"

E a do Eduardo?

"Putz, cara. Imagino como você deve estar chateado, porque no fundo você queria que ela estivesse aqui com você."

Será que você acertou? Vamos conferir:

Fernando – Antipática

Alexandre – Simpática

Eduardo – Empática

Dei o exemplo da empatia em um relacionamento de amizade, mas podemos pensar na empatia em todos os relacionamentos.

E da mesma forma que não fomos educados ao longo da nossa vida para sermos assertivos, também não o fomos para sermos empáticos; mas é possível aprender! É possível aprender e é preciso desenvolver essa habilidade para que possamos ter um efeito UAU nos nossos relacionamentos. Sem ela, ter um efeito UAU nos relacionamentos será só um sonho e não realidade!

Lembre-se de que somos quase 8 bilhões de pessoas no planeta Terra e somos completamente diferentes uns dos outros. Não importa o quão diferente sejamos uns dos outros, a empatia gera conexão e fortalece o vínculo.

5º PILAR – Utilizar os canais de comunicação

Esse pilar vai te ajudar a criar conexão profunda com as pessoas, a ser entendido quando você falar e também a ser mais persuasivo!

Para nos comunicarmos nos nossos relacionamentos, primeiramente precisamos captar as informações do mundo; e nós fazemos isso através dos canais de comunicação: audição, visão, paladar, tato ou cinestesia e olfato.

Usamos mais alguns canais do que outros. Você conhece alguém que tem cachorro? Como é que um cachorro sabe que ele pode confiar no outro? O que ele faz? Sim, ele cheira! E cheira onde? Sim, ele cheira a região traseira! Nós, graças a Deus, não saímos por aí cheirando nem lambendo ninguém para saber se podemos ou não confiar na pessoa e para comunicarmos a nossa confiança; mas, apesar disso, usamos muito a visão, a audição e o tato.

A comunicação acontece primeiro dentro de você, através dos seus pensamentos, e você pensa através de sons (auditivo), imagens (visual) e sensações (cinestesia). E, pensando nisso, nós, seres humanos, tendemos a utilizar mais uma parte da nossa neurologia auditiva, visual ou cinestésica do que outras; assim, por exemplo, algumas pessoas tendem a utilizar mais o lado esquerdo ou direito, sendo canhotas ou destras; assim nós o fazemos com os canais de comunicação. Portanto, para falar dos canais de comunicação, focarei estes três: visão, audição e cinestesia (tato).

Como eu disse, nós captamos a informação do mundo através desses canais, nos comunicamos internamente e depois externamente; e ao longo da nossa vida, fomos desenvolvendo uma preferência por um canal ou outro. O que isso quer dizer? Quer dizer que há pessoas que usam mais o canal visual do que o auditivo, outras mais o cinestésico, e assim por diante. Porém, termos uma preferência não quer dizer que esta não possa se modificar ao longo do tempo, nem que não possamos aprender a nos comunicar com os outros canais. Afinal, como seria se você não pudesse se desenvolver e tivesse como preferência o canal visual e a pessoa que você ama o auditivo? Se fosse assim, a comunicação seria falha e vocês sofreriam. Lembre-se sempre de que você precisa se comunicar com o outro e que esse outro é diferente de você. É como se você falasse português e a outra pessoa, francês. Para que ela te entenda, você precisará falar a língua dela!

Vou te explicar sobre como é cada canal, te dar pistas de como eles funcionam e de como podemos identificá-los. E, é claro, também darei exemplos práticos. Importante: ao longo da explicação, busque se analisar e perceber qual destes canais você acredita que mais utiliza, qual deles é o seu preferido e também qual você precisa fortalecer para que sua comunicação com as outras pessoas possa ser melhor.

Visual

♡ Pessoas que são preferencialmente visuais tendem a ver o mundo através de imagens; e como o cérebro processa as imagens muito rápido, quem tem a preferência visual usualmente também fala muito rápido. É comum percebermos que a pessoa não termina uma frase e já começa a outra, ou não termina uma palavra e já começa a outra, engole o "s" do plural da palavra e por aí vai... É como se as palavras saíssem meio desajeitadas, principalmente quando a pessoa está sobre fortes emoções, seja uma emoção positiva, empolgação ou negativa, como raiva e estresse, por exemplo.

♡ Se a pessoa com preferência visual tiver que ouvir alguma explicação muito longa e cheia de detalhes (típica do perfil auditivo, já, já você vai aprender sobre), ela se sente impaciente e perde logo o interesse.

♡ Bem importante, o visual não gosta muito que outra pessoa fique passando a mão nela enquanto conversa! Eita, calma aí que essa frase ficou esquisita... Imagina que a Clara (cinestésica) acabou de ser apresentada à Bianca (visual), e que a Clara fica bem perto enquanto conversa com a Bianca, coloca a mão no seu braço quando quer dar ênfase a alguma coisa, continua falando e toca no seu ombro (típico de cinestésico). A Bianca, por sua vez, se sente desconfortável com isso e discretamente vai se afastando, aumentando o espaço entre as duas para que a Clara não a alcance tão facilmente; isso não quer dizer que a Bianca *não gosta de ser tocada*, mas que prefere que não fiquem relando nela!

♡ A pessoa visual percebe coisas que para outras passariam despercebidas e descreve as coisas com detalhes, pois se lembra exatamente delas com clareza. Por exemplo, se lembra com nitidez que roupa seu namorado(a) estava usando no primeiro encontro, de como era o quarto do hotel que ficou na sua lua de mel.

♡ O visual se incomoda com algumas coisas que outras pessoas nem enxergam, por exemplo: quadro torto, cabelo na roupa de uma pessoa que ela nunca nem viu na vida, fio da roupa que está descosturando um milímetro, almofadas desarrumadas no sofá.

♡ Quem tem a preferência visual gosta das coisas arrumadas, em ordem, visualmente bem postas, gosta do que é bonito, valoriza a estética das coisas. Gosta de se arrumar e ver-se bonito!

♡ Usualmente são pessoas mais ativas e agitadas.

♡ Para poder se lembrar das coisas, gosta de utilizar marcadores, anotações e costuma criar imagens na sua mente para ajudar a memorizar.

♡ Sobre a forma com que o visual se comunica, comumente ele utiliza palavras que remetem ao seu canal, como:
- ✓ "Ficou claro para você?"
- ✓ "Você consegue ver o que estou dizendo?"
- ✓ "Olha essa comida, que delícia!"
- ✓ "Olha que cheiro bom!"
- ✓ "Está nítido pra você?"

Auditivo

♡ Pessoas que são preferencialmente auditivas gostam de ouvir, porém se incomodam se alguém fica repetindo a mesma coisa várias vezes.

♡ Por outro lado, quando vai explicar algo, o faz nos mínimos detalhes e, enquanto explica, repete tudo para garantir que a outra pessoa realmente tenha entendido.

- ♡ Usualmente são pessoas mais calmas, comunicativas (quando elas querem) e que se lembram com alto grau de detalhe cada uma das palavras que ouviram.
- ♡ Para poder se lembrar das coisas, as ouve com atenção.
- ♡ O auditivo não liga muito se as suas roupas estão ou não combinando, na estética do visual, a não ser que ele tenha uma explicação para isso; ele gosta do seu próprio estilo e, é óbvio, ele também tem uma explicação para este.
- ♡ Quando alguém faz uma pergunta para uma pessoa auditiva, ela comumente a repete antes de responder. Essa repetição pode ser em voz alta ou só para si. Para este exemplo, vamos resgatar a Clara (cinestésica) e a Bianca (visual). A Clara é amiga da Amanda (auditiva), a apresenta para Bianca, e as duas começam a conversar.

 "Oi, Amanda, tudo bem? Prazer em te conhecer!", diz a Bianca.

"Oi, Bianca, tudo bem! O prazer é meu!", a Amanda responde.

"Você conhece a Clara faz tempo?", pergunta a Bianca.

"Se eu conheço a Clara faz tempo? Ah, sim, conheço, sim! Eu a conheço desde que eu me mudei para cá, eu tinha uns 8 anos; foi bem quando meus pais se separaram e minha mãe resolveu buscar novos ares", a Amanda diz.

É, realmente, a Amanda, antes de responder, repetiu a pergunta e ainda explicou tudo bem explicadinho!

- ♡ Frequentemente as explicações da pessoa com preferência auditiva são longas, lentas e repetitivas.
- ♡ O auditivo prefere, gosta e prima por explicar as coisas e, para isso, ele é bem seletivo na escolha das palavras.
- ♡ É comum vermos um auditivo pensando em voz alta, conversando consigo mesmo!
- ♡ Ele prefere que alguém leia algo para ele do que ele mesmo ter que ler, gosta de *audiobook*.

- ♡ Bem importante isto: um auditivo, para acompanhar uma história ou conversar com alguém, não precisa estar olhando para a pessoa, inclusive se estiver olhando, isso pode até atrapalhar. Você já viu um casal conversar e um deles dizer para o outro: "Olhe pra mim enquanto eu falo com você!". Tenha certeza, não foi um auditivo quem disse isso!
- ♡ As palavras que a pessoa auditiva utiliza tendem ao seu canal:
  - ✓ "Escuta, que roupa linda daquela mulher!".
  - ✓ "Posso ouvir o que está me dizendo, eu te entendo!"
  - ✓ "Isso não me soa nada bem."
  - ✓ "Ei, pessoal, escuta aqui um pouco!"
  - ✓ "Nossa, amei! Está muito harmônico!"
  - ✓ "Isso está muito alto (ou baixo)!"
  - ✓ "Tudo está tinindo!"

Cinestésico

- ♡ Pessoas que são preferencialmente cinestésicas gesticulam enquanto falam e não são muito bons ouvintes, não. Principalmente se a fala do outro for muito longa e sem emoção. Por exemplo, se uma pessoa cinestésica vai assistir a um filme e este é longo e sem grandes emoções, ele perde o interesse.
- ♡ E como você já viu no exemplo da Bianca e da Clara, o cinestésico gosta de ficar perto enquanto ouve ou enquanto fala.
- ♡ O cinestésico usualmente é limpo e bem-arrumado, mas logo se desarruma, pois, pra ele, conforto é muito mais importante do que o visual, do que a estética. Por exemplo: um cinestésico não se senta na cadeira, ele praticamente se deita, e se vai a uma festa de terno e gravata, ele é o primeiro a tirar a gravata assim que possível!
- ♡ Uma pessoa cinestésica frequentemente prefere atividades ao ar livre e manuais, atividades que expressem a sua paixão.

- ♡ Apesar de serem pessoas mais tranquilas, elas têm uma tendência especial por emoções, e por isso são muito expressivas socialmente e adoram contato físico!
- ♡ Raramente se lembram dos detalhes visuais e das palavras, mas se lembram de como se sentiu ao ver ou ouvir determinada coisa. Por ser menos atento aos detalhes, tendem a ser mais espontâneos.
- ♡ As palavras que a pessoa cinestésica utiliza expressam muito sobre o seu canal:
  - ✓ "Este tema vai te tocar!"
  - ✓ "Estou sentindo que daqui a pouco você entenderá tudo."
  - ✓ "Nossa, como isso é profundo!"
  - ✓ "Sinta isso…"
  - ✓ "Sente só essa música!"
  - ✓ "Ai, como você está áspero."
  - ✓ "Preciso entrar em contato com…"
  - ✓ "Essa ideia é superconcreta!"
  - ✓ "O que você disse foi pesado."

Todos nós temos os três canais, mas a maioria das pessoas tem um favorito. A importância de aprender sobre os canais é você desenvolver seu autoconhecimento e reconhecer qual é a sua preferência e saber como se conectar com uma pessoa diferente de você.

Por exemplo, se a Bianca (visual) quiser se conectar com a Amanda (auditiva), ela vai precisar falar mais pausado e entonar melhor as palavras. Se a Bianca não fizer isso e soltar o verbo na velocidade que uma pessoa visual faz, a Amanda vai ficar louca ou pensar que a Bianca é doida!

É muito perigoso vivermos só na nossa preferência. Vamos imaginar um casal que está junto há sete anos e que estão enfrentando uma crise.

Quando se casaram estavam muito apaixonados, mas agora, com o passar do tempo, as coisas mudaram.

Um diz que o outro mudou demais, que no começo era carinhoso, beijava, fazia massagem, andavam de mãos dadas, dizia que amava, elogiava com frequência, ouvia suas histórias até o fim e se interessava por elas, sempre se arrumava, caprichava no visual, ajudava a manter as coisas organizadas, mas agora não mais.

No começo de um relacionamento, quando uma pessoa está querendo conquistar a outra, ela faz de tudo, e para isso ela navega pelos três canais de comunicação:

- ♡ Carinho, beijo, massagem, mãos dadas = cinestésico adora receber isso!
- ♡ Dizer que ama, elogiar, ouvir as histórias (detalhe, até o fim e se interessar por elas) = auditivo adora receber isso!
- ♡ Se arrumar, caprichar no visual, ver a pessoa bem-vestida e bonita, a manter as coisas organizadas = visual adora isso!

Ou seja, no começo, enquanto queria conquistar a outra pessoa, fazia tudo, satisfazia os três canais de comunicação; depois que conquistou vai para a zona de acomodação, e aí já sabe no que dá, né?

Por isso, a empatia é tão importante. Precisamos nos colocar no lugar do outro e entender o que é importante para a outra pessoa, e se quisermos nos conectar com ela, e mais ainda, se quisermos manter a conexão por muito e muito tempo, vamos precisar "falar o idioma" da outra pessoa e também, por que não, ajudá-la a se desenvolver (que tal dar um livro desse de presente para ela?! Fica a dica).

Por fim, dentro do tópico canais de comunicação, quero trazer para você sobre o movimento dos olhos e depois o meu depoimento.

Você já deve ter ouvido que os olhos são a janela da alma e que o olhar de uma pessoa diz muito sobre ela e o que ela está sentindo. Há várias pesquisas da psicologia sobre isso, sobre a dilatação da pupila e os estados emocionais, por exemplo (mas isso é assunto para outro livro), e também é através dos olhos, ou melhor, dos movimentos oculares que conseguimos pistas de qual é a preferência da pessoa.

Imagina que eu estou sentada aí bem na sua frente, e que você me faça a seguinte pergunta:

"Gi, qual foi a melhor viagem que você já fez?".

Para eu te responder, vou precisar pensar um pouco, meu cérebro vai buscar algumas memórias, e nessa busca interna, meu olho irá se movimentar. Segundo dois pesquisadores da psicologia, John Grinder e Richard Bandler, se eu olhar para cima ou se eu ficar com o olhar bem fixo para a frente, isso quer dizer que meu cérebro está buscando ou criando imagens (preferência visual), se eu olhar no sentido das minhas orelhas, quer dizer que estou buscando ou criando sons (preferência auditiva), se eu olhar para baixo e para a direita, estou conversando comigo mesmo (diálogo interno) e, se for para baixo e para a esquerda, estou buscando sensações (preferência cinestésica). A imagem abaixo complementa a explicação.

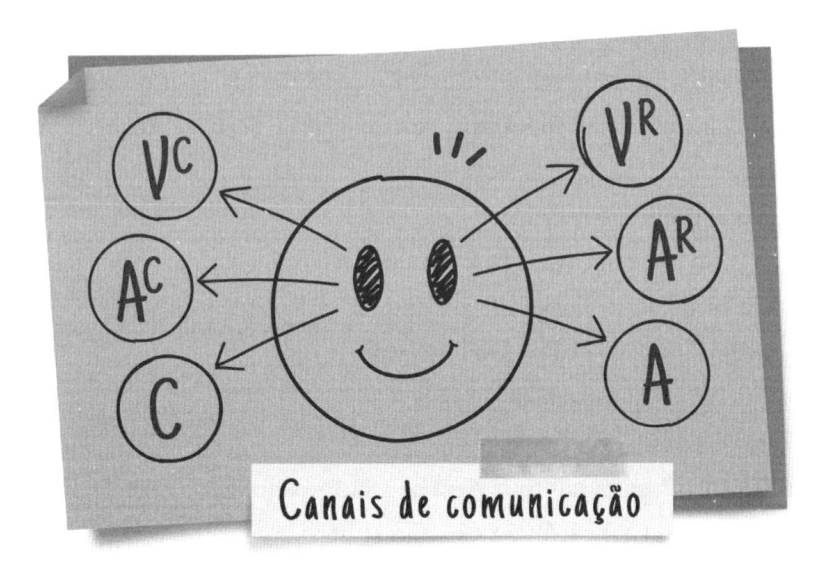

Canais de comunicação

Assim, se você me perguntasse:

"Qual é a cor dos olhos da sua mãe?".

Essa informação eu já teria, pois eu já vi a cor dos olhos da minha mãe, então, meus olhos iriam para cima e para a sua direita. → VR = visual / recordado.

Mas se a sua pergunta fosse:

"Como seria um cavalo branco com chifres rosa neon?".

Como eu nunca vi um cavalo branco com chifres rosa neon, eu teria que criar essa imagem; assim, meus olhos iriam para cima e para a sua esquerda → VC = visual / construído.

Se me perguntasse:

"Qual foi a última música que você ouviu?".

Meus olhos iriam para o lado, como se eu fosse olhar para minha orelha esquerda, ou seja, meu olho iria para o lado da sua direita, pois esse som eu já ouvi e, assim, estaria recordando o som → AR = auditivo / recordado.

Mas se a pergunta fosse:

"Como seria o som de você imitando um cavalo relinchando?".

Meus olhos iriam para o lado, como se eu fosse olhar para minha orelha direita, ou seja, meu olho iria para o lado da sua esquerda, pois esse som eu nunca ouvi e, assim, estaria construindo o som → AC = auditivo / construído.

E se você me falasse assim:

"Diga para você agora uma frase de que você gosta".

Eu iria olhar para baixo e para seu lado direito, pois estaria conversando comigo mesma → D = Diálogo interno.

Por fim, se você me questionasse:

"Como é a sensação de ser feliz?".

Eu iria olhar para baixo e para seu lado esquerdo, pois estaria buscando como é essa sensação → C = cinestésico.

Quando comecei a estudar sobre esse tema, eu decidi mudar a forma com que estava me relacionando com a minha família, pois descobri que minha preferência era uma, do meu esposo outra e dos meus filhos, outra... Ou seja, ou eu me desenvolvia e os ajudava a também se desenvolverem, ou iríamos sofrer por não nos entendermos!

Para você ter uma ideia, eu era dessas que quando entrava num local e tinha um quadro torto, eu queria ir lá arrumá-lo, hoje melhorei e me contenho! Mas eu sou realmente muito visual, por exemplo:

- ♡ para eu conseguir me concentrar e ter uma melhor produtividade, gosto de ter a mesa de trabalho organizada;
- ♡ num dia normal de escola e trabalho, eu habitualmente sou a última a sair de casa e a primeira a voltar, mas eu adoro arrumar as almofadas do sofá e ver a casa em ordem antes de sair;
- ♡ se eu for sair pra ir rapidinho no mercado, posso até ir com uma roupa bem confortável, mas pelo menos uma arrumadinha na cara e no cabelo eu vou dar;
- ♡ quando estou muito cansada, ou, sei lá, quando estou preocupada com algo, ou estressada, ou muito agitada, com pressa... vixi, as minhas palavras saem todas atrapalhadas. Sou daquelas que quer falar: "pega a panela que está na geladeira", e em vez disso fala: "pega a panela que está no fogão". Mas por que essa confusão? Porque depois de pegar a panela que está na geladeira é para colocá-la no fogão, e minha boca não acompanha a velocidade do meu cérebro;
- ♡ quando vou dormir, não gosto que ninguém fique me relando. Ah, beleza, abraça, beija, faz cafuné e depois pronto, hora de dormir; melhor não relar, né!

E aí vem a grandeza do autoconhecimento e do desenvolvimento contínuo! Meu esposo é cinestésico e adora dormir abraçadinho, de conchinha! Há quem ache isso romântico! Eu acho um saco! Porque assim, romântico, de conchinha eu não consigo dormir!

Imagina a cena... Eis que estou quase dormindo e, de repente, sinto um pé encostando no meu! Pronto, acordei!

Para o Junior, o mais importante é o conforto. Enquanto ele pensa, por exemplo, "pra que arrumar a cama se à noite vamos dormir nela de novo?!", eu gosto da cama arrumada! Então, chegamos a um acordo: arrumamos a cama normalmente juntos, ou, quem se levanta por último arruma; e a cama é sem colcha e sem mil almofadas em cima! Só três almofadinhas e o coelho (lembra do coelho?!).

O Gabriel, meu filho mais velho, é auditivo. Quando ele tinha uns 9 anos, eu e o Junior fomos chamados na escola, e eu levei um susto! O motivo? Bem, vou te explicar!

As crianças estudavam em uma escola muito boa – detalhe: católica e que era dirigida por freiras. Isso foi em 2013 e, naquele ano, uma música foi lançada e bombou, música a qual eu nunca tinha ouvido. Eis que um amigo canta a música para o Gabriel e ele a tira de ouvido (nesse período, a aula de Música, com o instrumento da flauta, era uma disciplina geral e obrigatória dessa escola).

Qual música?

"Beijinho no ombro"! Você conhece? Se não, dá um Google e imagina a cena... Gabriel tocando "Beijinho no ombro" pelos corredores do colégio, e as outras crianças se divertindo até! Enfim, o Gab é tão auditivo que a melhor forma de ele aprender é ouvindo. Ele estuda Matemática explicando só com a voz como é que se faz fração. Eu preciso ver para aprender, e ele ouvir!

É claro que se temos todos os canais, podemos e devemos usar de todos para potencializar nosso aprendizado, mas o que quero mostrar é que cada um é de um jeito, e que precisamos nos comunicar com o outro usando o canal do outro e não o nosso!

Como um bom auditivo, o Gab gosta de explicar. Um belo dia, o Junior perguntou para ele:

"Filho, qual cappuccino você gosta mais? O da Três Corações (uma marca) ou do Armazém Café (uma cafeteria muito boa em Londrina)?".

Pergunta simples, resposta simples? Óbvio que não, afinal, a pergunta foi feita para um auditivo! A resposta:

"Qual cappuccino eu mais gosto? Assim, pai...".

Enfim, além do Gab repetir a pergunta, ele tinha uma boa e longa explicação. Explicação a qual só viria no fim de toda a sua fala!

E a Mariana? A Mari é cinestésica! A Mari adora atividades manuais, emoção, tudo que ela fala ela vai se movimentando, adora abraçar e ficar em cima da gente!

Eu também teria mil histórias para te contar sobre a Mari e seu perfil cinestésico, mas, para resumir, quero te dizer que eu amo a minha família e que saber sobre os canais de comunicação e aplicar esse conhecimento nos meus relacionamentos me ajudou a ter uma vida muito mais UAU!

Agora é com você!

6º PILAR – Construir um sistema de amizade

Esse pilar vai te ajudar a ter relacionamentos mais satisfatórios, a transformar seus relacionamentos em uma fonte de bem-estar, apoio e crescimento. Quando se tem um ótimo relacionamento, ele influencia positivamente na saúde, na performance, na atuação profissional, na motivação e na autoconfiança do indivíduo. Nós nos relacionamos o tempo todo, isso quer dizer que, apesar de o nome ser "sistema de amizade", você vai usar esse conhecimento nos seus relacionamentos profissionais e, também, nos relacionamentos amorosos.

É importante você saber que esse conteúdo é embasado cientificamente por anos de pesquisas realizadas pelo departamento de Psicologia da Universidade de Washington, nos Estados Unidos, e conduzidas especialmente pelo Dr. John Gottman e pela Dra. Julie Gottman. Quando eu digo anos de pesquisa, estou sendo literal, pois foram mais de vinte anos de estudo sobre relacionamentos familiares. O laboratório do Dr. e da Dra. Gottman ficou tão conhecido que foi apelidado de Love Lab ("Laboratório do amor").

Como conclusão das pesquisas, eles construíram a "casa" do relacionamento saudável, a qual tem por base, fundação e sustento o "sistema de amizade".

"Sistema de amizade" é a ligação afetiva, a confiança, o companheirismo e a cumplicidade que reforçam os laços de uma relação. Esse sistema é considerado a fundação sobre a qual a "casa" é erguida. Dessa forma, se essa fundação não for sólida, a casa também não será.

Quando esse sistema funciona bem, as pessoas têm uma PSO, que quer dizer *Positive Sentiment Override* (Substituição de Sentimentos Positivos), ou, para melhor entendimento, "Sobreposição de Sentimentos Positivos". E quando o "sistema de amizade" não está funcionando bem, tem-se a NOS – *Negative Sentiment Override,* –, que quer dizer "Sobreposição de Sentimentos Negativos".

Para um relacionamento ter PSO, sentimentos, comportamentos, comentários e interpretações precisam ser de 20 positivos para um negativo, ou seja, é preciso ter 19 sentimentos, comportamentos, comentários e/ou interpretações positivos para somente um negativo. Por exemplo, quando a PSO de um casal é positiva, até mesmo a negatividade que possa surgir em situações cotidianas é tida como algo mais fácil de superar.

Agora, quando a PSO não funciona, surge a NSO, e sentimentos, comportamentos, comentários e interpretações positivos superam os negativos.

Você deve estar pensando: "o certo não seria que no NSO os sentimentos, comportamentos, comentários e interpretações negativos superassem os positivos?".

Não. Eu escrevi certo mesmo!

No NSO, sentimentos, comportamentos, comentários e interpretações positivos superam os negativos, mas em uma proporção de cinco positivos para um negativo. Ou seja, ainda temos mais positivos do que negativos, e já é considerado NSO. Agora, imagina como seria se sentimentos, comportamentos, comentários e interpretações negativos ultrapassassem os positivos... Bem, nesse caso não haveria mais um relacionamento.

E quando há NSO, até mesmo as situações neutras podem ser interpretadas de modo negativo. Isso quer dizer que aquilo que não tinha o objetivo de ferir o outro, fere. Aquilo que era nada demais pode virar uma bomba. Exemplo clássico: um fala com o outro de um jeito mais objetivo e direto, e o outro entende como grosseria e ataque. Talvez você conheça alguém que já tenha passado por isso! Por outro lado, quando um casal vive no PSO e surge um desafio, o casal supera muito mais rápido.

> PSO – Sobreposição de Sentimentos Positivos → 20 positivos × 1 negativo
>
> NSO – Sobreposição de Sentimentos Negativos → 5 positivos × 1 negativo

Agora, eu gostaria que você refletisse sobre tudo o que você já aprendeu neste livro. Quais comportamentos geram PSO e quais geram NSO?

....
....
....
....
....
....
....
....
....

Lembre-se:

Para você ter um efeito UAU nos seus relacionamentos, você precisa aplicar os seis pilares seguintes:
1. manter sua autoestima elevada;
2. ser fonte de reflexos positivos para a outra pessoa;
3. ter uma comunicação assertiva;
4. ser empático;
5. utilizar os canais de comunicação;
6. construir um sistema de amizade.

Este é um capítulo muito precioso e eu sei que você deve ter tido grandes e profundos aprendizados. Então chegou a hora de escrevê-los! Quais foram os aprendizados que você teve com este capítulo? Escreva aqui:

....
....
....
....
....
....
....
....
....
....

Com tudo isso o que você aprendeu, quais serão as suas ações para ter um efeito UAU nos seus relacionamentos?

....
....
....
....
....
....
....
....
....
....
....
....

Lembre-se de que você pode compartilhar comigo quais foram os seus aprendizados. Eu ficarei imensamente feliz!

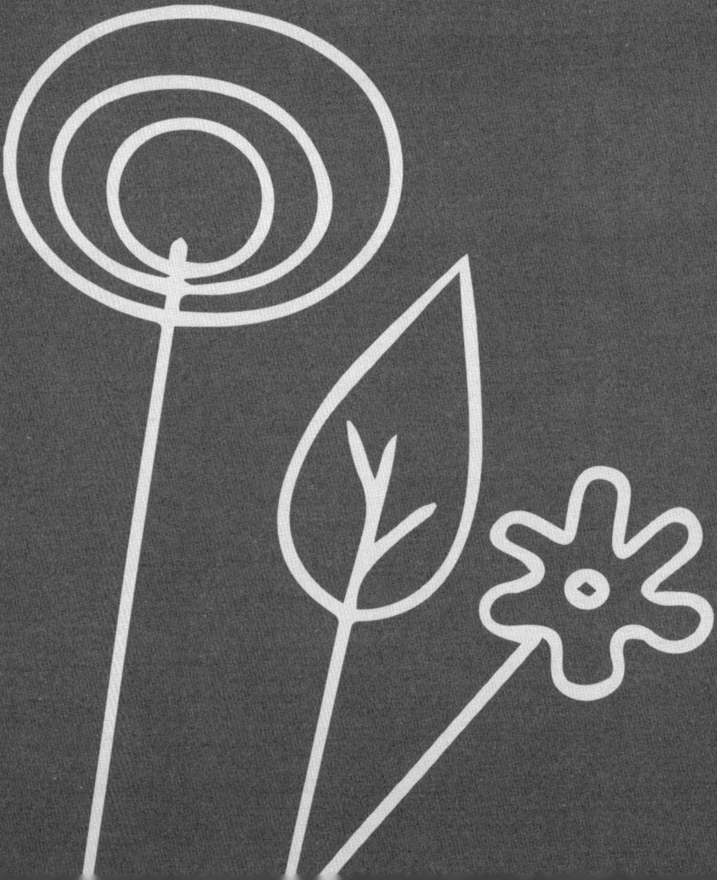

PARTE 5

TÉCNICAS DA PSICOLOGIA PARA TE AJUDAR A VIVER A SUA MELHOR VERSÃO E TER UMA VIDA UAU

A psicologia é uma ciência linda e profunda, e precisa ser cada vez mais levada de forma acessível à vida das pessoas. A psicologia te ajuda a se entender e a entender o outro, ajuda a criar conexões profundas e verdadeiras com si mesmo e com quem você ama – na verdade, com quem você decidir amar e se relacionar. Ao longo da minha jornada, assim como qualquer ser humano, eu cresci, caí, sofri, chorei de tristeza e de felicidade, ri muito, me surpreendi, aprendi e ensinei... E falando em ensinar, decidi compartilhar com você nos próximos cinco últimos capítulos técnicas que aprendi e que desenvolvi no decorrer da minha jornada como psicóloga. São técnicas para você utilizar no seu dia a dia e que poderão te ajudar a ser mais feliz e pleno, e a viver uma vida incrível. Eu acredito, do fundo do meu coração, que você nasceu para viver uma vida plena!

CAPÍTULO 12

Técnica "Forças UAU – Elevando a autoestima"

Como prometi no capítulo 8, eu vou te ensinar o passo a passo da técnica que uso nos meus atendimentos, palestras e cursos (você encontra essa técnica no curso *on-line* MMV) e com ela você irá enxergar as suas qualidades de uma forma muito profunda, e isso levará sua autoestima para outro nível.

E se de repente você estiver se perguntando: "Gi, eu posso pegar esse passo a passo e aplicá-lo em outras pessoas?". Sim, você pode. Mas antes, sugiro que você vivencie o exercício. Afinal de contas, ele está aqui para primeiro elevar a sua autoestima, e como você já aprendeu no capítulo 8, elevar também a sua autoeficácia.

Lembre-se de que quando você enxerga seus pontos fortes, seu senso de valor próprio é elevado; e quando você utiliza as suas forças, aumenta a chance de as outras pessoas também as verem em você e, consequentemente, te valorizarem. Assim, mais do que aprender a técnica, meu convite é para que você a vivencie!

Eu já conduzi essa técnica milhares de vezes em meus atendimentos, palestras, treinamentos e nos meus cursos *on-line*; mas esta será a primeira vez que a conduzirei por escrito, e para que ela traga um ótimo resultado em sua vida, vou precisar muito da sua ajuda.

Então, vamos lá! Primeiro, vamos preparar o ambiente e depois vou te explicar o passo a passo, para só então, com tudo pronto, você vivenciar a técnica.

PASSO 1 – PREPARAÇÃO DO AMBIENTE

Preciso que você pegue o seu livro, nas páginas 211 a 215, em que está o espaço destinado ao exercício, ou pegue um papel, pode ser uma folha de caderno, um papel em branco qualquer e uma caneta ou lápis. Pegue seu celular e procure na internet duas músicas: "Now We Are Free" (que faz parte da trilha sonora do filme *Gladiador*) e "We Are The Champions" (do Queen). Esse será um momento precioso para você e seu desenvolvimento, por isso, quando for vivenciar, é importante que não seja interrompido.

PASSO 2 – PASSO A PASSO

A técnica "Forças UAU – Elevando a autoestima" deve ser vivenciada em dois momentos: o primeiro é por meio de visualização e o segundo por meio da escrita.

1º. Visualização

Música
Coloque um fundo musical com a canção "Now We Are Free", e ponha a música para repetir automaticamente.

Postura
Sente-se confortavelmente em uma cadeira e mantenha a postura ereta, como se você estivesse assistindo a um filme no cinema, pernas e braços

descruzados, cabeça como se estivesse olhando para a frente (não abaixe a cabeça nem a empine demais) e fique com os olhos fechados para que nenhum estímulo externo te atrapalhe nesse momento.

Respiração

Feito isso, você vai respirar profunda e corretamente, inspire o ar, puxando-o pelo nariz e, lentamente, expire, soltando o ar pela boca. Quando eu digo corretamente é porque vamos fazer a respiração abdominal, isto é, ao inspirar você vai estufar sua barriga, e ao expirar, você vai murchar a barriga. Repita esse exercício de quatro a oito vezes.

Depois, mantendo a sua postura, você vai mentalmente responder à pergunta abaixo:

"Quais foram as conquistas e vitórias que eu já tive na minha vida? Quais foram os sucessos e as realizações que eu já tive?"

Para responder a essa pergunta, você deve considerar tudo, absolutamente tudo: vida pessoal e profissional, coisas simples como "quando eu era criança, eu queria muito ganhar um urso de pelúcia e ganhei", ou "eu pude estudar em escolas boas e passar de ano direto, teve uma vez que fiz uma apresentação na aula de Artes que foi divertida e especial", "troquei de escola quando eu era criança e, apesar de ter sido difícil, consegui me adaptar"; até coisas mais grandiosas: "o dia que passei no vestibular de uma universidade concorrida logo que terminei o terceiro ano", "ter sido promovido", "ter comprado seu carro zero e conseguir pagar o financiamento dele em dia", "ter uma família"... Enfim, considere todas as suas conquistas, desde as mais suaves até aquelas que deram muito trabalho.

Ao fazer a visualização, busque fazer como se estivesse assistindo a um filme no cinema; o filme da sua vida. Mas somente com as cenas das suas conquistas, cenas de vitória, crescimento e sucesso. Relembre o máximo que conseguir, desde quando você era criança, passando pela sua adolescência, juventude, até chegar no dia de hoje. Inclusive, inclua como uma conquista estar aqui lendo o livro e vivenciando este momento comigo!

Após a visualização, vamos à…

2º. Escrita das conquistas

Depois que você visualizou tudo e chegou até o dia de hoje, você vai abrir os olhos, pegar o papel e a caneta (não pode ser digitado, tem que ser escrito à mão) e escrever todas as conquistas, todos os momentos de vitória que você relembrou, todos. A música "Now We Are Free" deve continuar tocando repetidas vezes.

Escreva! Jogue tudo no papel.

3º. Escrita das competências e forças

Em seguida, você vai trocar a música para "We Are The Champions" e colocá-la para repetir automaticamente e então você vai ler tudo o que escreveu anteriormente. Feito isso, você vai responder a uma nova pergunta:

"Quais forças, competências e qualidades você utilizou para alcançar cada uma dessas vitórias e conquistas?".

E então você vai escrever todas as suas forças, competências e qualidades que teve que usar naquele momento. Vou resgatar os exemplos que citei para escrever quais forças foram utilizadas:

- ♡ Quando eu era criança eu queria muito ganhar um urso de pelúcia e ganhei → comunicativa (pois pedi aos meus pais), educada (bom comportamento), proativa (ajudava em casa), obediente (com meus pais).
- ♡ Pude estudar em boas escolas e passar de ano direto → dedicada, estudiosa, inteligente, caprichosa.
- ♡ Uma apresentação na aula de Artes que foi divertida e especial → corajosa, ousada (pois mesmo com medo de falar em público e sendo

♡ tímida, fiz a apresentação sozinha e cantando), criativa, bem-humorada e brincalhona.
♡ Troquei de escola quando eu era criança, e, apesar de ter sido difícil, eu consegui me adaptar → boa amiga, fiel, carinhosa, estudiosa e prestativa (quando aprendia algo rapidamente buscava ajudar os amigos).
♡ Passei no vestibular de uma universidade concorrida logo que terminei o terceiro ano → dedicada, organizada, inteligente, competente e sortuda.
♡ Ter sido promovida → proativa, responsável, dedicada, disposta, dinâmica, líder, motivada, motivadora, disciplinada, atenta, observadora etc.

Fiz questão de mostrar para você que uma única conquista pode ter tantas forças, qualidades, virtudes e competências escondidas. E, ao partilhar com você esse exemplo, eu acabei partilhando as minhas conquistas e forças!

Você não precisa fazer como eu fiz e reescrever a conquista e colocar as forças na frente; o que você vai fazer é ler a conquista e escrever apenas as forças que identificar.

4º. Complementando as forças

Para complementar, leia a lista de forças adiante e analise se, das forças que eu cito, existe alguma mais que você teve ou tem, e então, acrescente-as na sua lista. Eu disse "teve ou tem" porque, para a psicologia, se uma vez na vida você foi uma pessoa romântica, por exemplo, essa força está aí dentro de você; pode ser que esteja um pouco empoeirada por não ser utilizada faz tempo, mas ela está aí. É como andar de bicicleta: se você andava, mas já faz mais de dez anos que não anda, se montar em uma, mesmo que meio cambaleando, você vai sair pedalando. Se um dia na sua vida você foi carinhoso, alegre, divertido, estudioso, focado, inteligente… tudo isso está aí dentro de você, só precisa voltar a ver que possui essas forças, tomar posse delas e fazer um plano de ação para usá-las todos os dias!

Complementou sua lista? Show! Feito isso, vamos para a penúltima etapa…

5º. Tome posse

Agora que já complementou sua lista, volte no topo dela e escreva: EU SOU, e no fim da lista assine seu nome e coloque a data de hoje!

6º. Escrita dos sentimentos

Por último, você vai ler tudo o que escreveu, todas as suas forças, todas; e então, responder à pergunta:

"Como eu me sinto percebendo tudo isso?".

Escreva seus sentimentos e celebre a pessoa UAU que você já é!

E a última pergunta é:

"Como eu posso, no meu dia a dia, usar mais as minhas qualidades?".

PASSO 3 – VIVENCIAR

Você acabou de aprender o passo a passo da técnica "Forças UAU – Elevando a autoestima" e está pronto para vivenciá-la. Chegou o seu momento! Vamos?

Forças UAU – Elevando a autoestima

1. Quais foram as conquistas e vitórias que eu já tive na minha vida? Quais foram os sucessos e as realizações que eu já tive?

   ....

   ....

....
....
....
....
....

2. Quais forças, competências e qualidades você utilizou para ter cada uma dessas vitórias e conquistas?

....
....
....
....
....
....
....

3. Lista das forças – leia as qualidades a seguir e complemente a lista anterior.

- ♡ Acessível
- ♡ Afetuoso
- ♡ Ajudador
- ♡ Alegre
- ♡ Alto-astral
- ♡ Amável
- ♡ Ambicioso
- ♡ Amigável
- ♡ Amigo
- ♡ Amoroso
- ♡ Animado
- ♡ Apaixonado
- ♡ Assertivo
- ♡ Atencioso
- ♡ Atento
- ♡ Audacioso
- ♡ Autêntico
- ♡ Autoconfiante
- ♡ Averiguador
- ♡ Bem-humorado
- ♡ Bem-sucedido
- ♡ Bondoso
- ♡ Bonito
- ♡ Brincalhão
- ♡ Calmo
- ♡ Capaz de mudar
- ♡ Caprichoso
- ♡ Carinhoso
- ♡ Carismático
- ♡ Cativante
- ♡ Cauteloso
- ♡ Centrado
- ♡ Competente
- ♡ Competitivo
- ♡ Comunicativo
- ♡ Concentrado

- ♡ Confiante
- ♡ Confiável
- ♡ Consciente
- ♡ Consistente
- ♡ Cooperativo
- ♡ Corajoso
- ♡ Correto
- ♡ Criativo
- ♡ Crítico
- ♡ Cuidadoso
- ♡ Curioso
- ♡ Decidido
- ♡ Dedicado
- ♡ Descontraído
- ♡ Desapegado
- ♡ Desinibido
- ♡ Disciplinado
- ♡ Discreto
- ♡ Disposto
- ♡ Divertido
- ♡ Educado
- ♡ Eficiente
- ♡ Eloquente
- ♡ Emotivo
- ♡ Empático
- ♡ Empreendedor
- ♡ Energético
- ♡ Esforçado
- ♡ Esperto
- ♡ Estudioso
- ♡ Ético
- ♡ Exigente
- ♡ Extrovertido
- ♡ Feliz
- ♡ Fiel
- ♡ Flexível
- ♡ Focado
- ♡ Forte
- ♡ Garra
- ♡ Generoso
- ♡ Gentil
- ♡ Grato
- ♡ Honesto
- ♡ Humilde
- ♡ Imaginativo
- ♡ Iniciativa
- ♡ Inovador
- ♡ Inspirado
- ♡ Inteligente
- ♡ Investigador
- ♡ Justo
- ♡ Legal
- ♡ Leve
- ♡ Líder
- ♡ Motivado
- ♡ Motivador
- ♡ Observador
- ♡ Organizado
- ♡ Original
- ♡ Otimista
- ♡ Ousado
- ♡ Paciente
- ♡ Pacífico
- ♡ Pensador
- ♡ Persistente
- ♡ Persuasivo
- ♡ Ponderado
- ♡ Prático
- ♡ Preciso
- ♡ Preocupado
- ♡ Prestativo
- ♡ Proativo
- ♡ Profissional
- ♡ Próximo
- ♡ Prudente
- ♡ Relax
- ♡ Reservado
- ♡ Resiliente
- ♡ Respeitoso
- ♡ Responsável
- ♡ Romântico
- ♡ Sábio
- ♡ Saudável
- ♡ Seguro
- ♡ Sensato
- ♡ Sensível
- ♡ Sereno
- ♡ Sério
- ♡ Simpático
- ♡ Sociável
- ♡ Tolerante
- ♡ Trabalhador
- ♡ Tranquilo

♡ Vaidoso   ♡ Vibrante
♡ Versátil   ♡ Vigoroso

4. Como eu me sinto percebendo tudo isso?
....
....
....
....
....
....

5. Como eu posso, no meu dia a dia, usar mais as minhas qualidades?
....
....
....
....
....
....

Lembre-se:

- ♡ enxergar as suas qualidades de uma forma muito profunda levará sua autoestima para outro nível;
- ♡ quando você enxerga seus pontos fortes, seu senso de valor próprio é elevado; e quando você utiliza suas forças, aumenta a chance de as outras pessoas também as verem em você e, consequentemente, te valorizarem mais;
- ♡ identifique suas forças e use-as na potencialidade máxima.

Quais foram os aprendizados que você teve com este capítulo? Chegou o momento de fixar seu aprendizado. Escreva todos aqui:

....
....
....
....
....
....
....

Com tudo o que você aprendeu, quais serão as suas ações?

....
....
....
....
....
....
....

Lembre-se de que você pode compartilhar comigo quais foram os seus aprendizados. Eu ficarei imensamente feliz!

CAPÍTULO 13

Técnica do "Elogio UAU"

Do mesmo jeito que você possui muitas forças e qualidades, as pessoas ao seu redor também possuem, e neste capítulo você vai aprender a técnica do "Elogio UAU". Quando aplicá-la, será uma fonte límpida de reflexos positivos para a outra pessoa e isso elevará a autoestima dela e trará todos os impactos positivos que já sabe!

 Um detalhe que já comentei com você anteriormente é que há pessoas que preferem um elogio mais discreto do que público. Eu não sei se você já ouviu a seguinte frase: "se for corrigir uma pessoa, corrija no particular, só você e a pessoa; se for elogiar, elogie em público". Essa frase nem sempre funciona, pois, como eu disse, há pessoas que preferem mil vezes serem elogiadas na privacidade. Por isso, para que um elogio seja UAU, a primeira coisa será você conhecer a pessoa e saber como ela prefere ser elogiada. Aproveitando que falei sobre corrigir no particular, esta é uma premissa verdadeira, mas falarei sobre como corrigir alguém e ainda deixar a pessoa feliz e motivada no capítulo seguinte.

 A técnica do "Elogio UAU" é muito simples e ao mesmo tempo poderosa, vou descrever o passo a passo e te dar exemplos, vamos lá!

PASSO 1 – PESSOALIDADE E MENTALIDADE

Chame a pessoa pelo nome (você já aprendeu nos capítulos anteriores o poder dessa ação). Se não souber o nome da pessoa, pergunte.

Exemplo 1

Imagina que você está no balcão de atendimento de uma companhia aérea e que não consiga ver o nome no crachá do atendente, e que este te atendeu superbem, foi atencioso, rápido e simpático.

Uma pessoa com uma mentalidade miserável de autoestima pensaria: "Ué, a pessoa não fez mais do que a sua obrigação. Ela é paga pra fazer isso". Mas como a sua mentalidade não é miserável, e sim incrível, você não pensaria isso; muito pelo contrário, você pensaria: "Nossa, vou aproveitar essa oportunidade e elogiar esta pessoa!". Mas como você não consegue ver o nome no crachá, você diria assim: "Desculpa, qual seu nome?".

Ele responde, surpreso, que seu nome é Ivan.

Exemplo 2

Imagina que João é seu colega de trabalho e que hoje ele saiu para almoçar e, na volta, trouxe um cappuccino para ele e te surpreendeu trazendo um de presente pra você. Detalhe: sem canela, do jeito que você gosta (vamos supor que você não gosta de canela no seu cappuccino, ok?!).

Uma pessoa com uma mentalidade miserável pensaria: "Ah, sei? Me trouxe um cappuccino de graça? Hum... tá querendo pedir alguma coisa, com certeza". Mas como a sua mentalidade é incrível, você não pensaria isso, muito pelo contrário, você pensaria: "Nossa, vou aproveitar esta oportunidade e elogiar o João!". E, nesse caso, você já sabe o nome da pessoa.

Exemplo 3

Imagina que Paula é sua colaboradora direta, ou seja, ela é da sua equipe e você é chefe dela. Você havia delegado para Paula fazer um relatório e pediu que tivesse uma planilha de Excel acompanhando. Vamos imaginar também que o prazo para entrega desse material seria dia 10 e que ela te entregou no dia 9.

Uma pessoa com uma mentalidade miserável pensaria: "Até que enfim, ela cumpriu o prazo de alguma coisa". Mas como a sua mentalidade é uma mentalidade incrível, você não pensaria isso, muito pelo contrário, você pensaria: "Nossa, vou aproveitar essa oportunidade e elogiar a Paula!". E, nesse caso também, você já sabe o nome da pessoa.

PASSO 2 - DESCRIÇÃO

Aqui você vai descrever o comportamento da pessoa para que ela identifique exatamente o que ela fez que foi bom ou que ficou bem-feito. Vamos voltar aos exemplos.

Exemplo 1 - Ivan

Lembra que o atendimento do Ivan foi superbom e que ele foi atencioso, rápido e simpático?! Pois é, nesta etapa vamos descrever o comportamento dele. Então, você diria assim: "Ivan, seu atendimento foi muito bom, você me olhou nos olhos, sorriu, me explicou tudo com calma e tranquilidade, sem contar que você foi super-rápido".

Exemplo 2 - João

Lembra que você estava trabalhando, e seu colega, João, te surpreendeu ao trazer um cappuccino de presente pra você?! Então, você diria assim: "Nossa, João, obrigada! Que surpresa boa este cappuccino de presente. Adorei! Gostei ainda mais que você trouxe sem canela, acertou em cheio!".

Exemplo 3 – Paula

Lembra que você delegou para Paula um relatório e pediu que neste tivesse também uma planilha do Excel, e que o prazo era dia 10, mas ela te entregou no dia 9?! Então, você diria assim: "UAU, Paula! Primeiramente, parabéns por me entregar o relatório um dia antes do prazo. O prazo final era só amanhã e você me surpreendeu positivamente entregando hoje! Arrasou na agilidade!".

Agora, vamos imaginar que, além disso, o relatório tenha ficado muito bem-feito, e que ela usou gráficos, cores na tabela, tudo para ajudar na visualização dos dados do relatório. Então você complementaria a descrição dizendo assim: "E, Paula, o relatório ficou muito bom, você descreveu todos os dados com minuciosidade e clareza; além disso, os dados da planilha ficaram ótimos. Eu amei que você fez a tabela e os gráficos utilizando cores, isso ajuda demais na visualização. Ficou muito bom! Parabéns!".

PASSO 3 – JOGAR NA ESSÊNCIA

Após descrever, você vai fechar o seu elogio com chave de ouro; você jogará na essência da pessoa o que ela é. Como se faz isso?

Você vai usar o verbo "ser" e vai dizer uma ou mais forças, qualidades que você percebeu e percebe na pessoa. Você vai dizer: "Fulano, você é…" e falar a força, a qualidade da pessoa. Isso vai cair como uma explosão de reflexo positivo na autoestima dela! Isso vai ser UAU!

Vamos aos exemplos.

Exemplo 1 – Ivan

Lembra o que você estava dizendo para o Ivan? Agora, vamos complementar:

"Ivan, você é muito competente e simpático. Parabéns, e obrigada pelo seu atendimento. Que bom que foi você quem me atendeu!".

Exemplo 2 - João

Lembra o que você estava dizendo para o João? Vamos complementar:

"Você é muito observador e atencioso, João. Obrigada mesmo!".

Exemplo 3 - Paula

Lembra da Paula e do que você disse a ela? Então agora vamos fechar com chave de ouro e dizer assim:

"Paula, você é muito competente, caprichosa e inteligente. Arrasou!".

Agora vamos juntar tudo?! Ficaria assim:

Exemplo 1 - Ivan

"Desculpa, qual é o seu nome?

Ivan, seu atendimento foi muito bom, você me olhou nos olhos, sorriu, me explicou tudo com calma e tranquilidade, sem contar que você foi super-rápido.

Ivan, você é muito competente e simpático. Parabéns, e obrigada pelo seu atendimento. Que bom que foi você quem me atendeu!"

Exemplo 2 - João

"Nossa, João, obrigada! Que surpresa boa este cappuccino de presente. Adorei! Gostei ainda mais que você trouxe sem canela, acertou em cheio!

Você é muito observador e atencioso, João. Obrigada mesmo!"

Exemplo 3 - Paula

"UAU, Paula! Primeiramente, parabéns por entregar o relatório um dia antes do prazo. O prazo final era só amanhã e você me surpreendeu positivamente me entregando hoje! Arrasou na agilidade!

E, Paula, o seu relatório ficou muito bom, você descreveu todos os dados com minuciosidade e clareza; além do que os dados da planilha ficaram ótimos. Eu amei que você fez a tabela e os gráficos utilizando cores, isso ajuda demais na visualização. Ficou muito bom! Parabéns!

Você é muito competente, caprichosa e inteligente. Arrasou!"

Agora me conta, o que você imagina que Ivan, João e Paula sentiriam ao receberem esses elogios e como isso impactaria no dia de cada um deles?

....
....
....
....
....
....
....

Um elogio bem dado e verdadeiro (sempre verdadeiro) é como um carinho na alma da pessoa que o recebe!

Elogiar gera conexão! Mesmo que, de repente, você não consiga elogiar algo relacionado às forças da pessoa, às características internas dela, porque, sei lá, você não observou nada a ponto de elogiar. Mesmo assim você pode fazer um elogio mais "superficial". Até mesmo um elogio superficial pode trazer um efeito positivo para quem o recebe, e também para você!

Vou contar uma história.

Numa das primeiras viagens internacionais que fui sozinha fiquei muito tensa, e mais tensa ainda na volta, pois eu estava em um aeroporto internacional que nunca tinha visto na minha vida, sem conhecer ninguém e ainda sem saber falar inglês corretamente. Eu não sei se você já passou por algo semelhante, mas eu fiquei muito nervosa.

Eu estava em Los Angeles (no dia que escrevo este livro, o aeroporto de LA é avaliado como o quinto maior aeroporto do mundo), voltando de um curso... E lá estava eu na fila para fazer o *check-in* do voo e com o coração acelerado, com receio e, ao mesmo tempo, rezando para que minha poltrona não ficasse em um lugar ruim; isso porque eu estava viajando de classe econômica, e na ida o meu lugar foi na janela (o que eu adoro), mas na última poltrona (que não reclina praticamente nada, e isso numa viagem de mais de dez horas é bem ruim) e, para piorar, a poltrona era perto do banheiro (o que gera uma movimentação próxima a você quase que o tempo todo).

A fila do *check-in* andou e eis que chegou a minha vez, e uma senhora disse: "next" (que quer dizer "próximo"). Ao dizer "next", ela não olhou para a fila, nem sequer levantou a cabeça, e, é claro, não sorriu. Nada, nadinha, expressão zero... e aí, eu fiquei mais tensa ainda.

Comecei a pensar:

"Ai, ferrou tudo. Tô lascada. Essa mulher mal-humorada, com essa cara feia... E se eu não souber falar direito? E se ela não me entender? Ai, meu Deus... Eu tô tão cansada, queria tanto um lugar bom pra viajar, pra pelo menos conseguir dormir um pouco e não chegar no Brasil podre".

Que drama, hein? Olha a Gislene vítima total aparecendo por aí...

Aff! Ninguém merece viajar mais de dez horas com alguém assim! No caso, eu mesma!

Esse tipo de pensamento estava me deixando mais ansiosa e tensa do que eu já estava. E se eu me sentisse assim, aí é que eu não ia conseguir falar com a atendente, não sairia nem um "the book is on the table" (frase que eu mais tinha ouvido na minha vida ao estudar inglês na época da escola, e que quer dizer "o livro está sobre a mesa").

Decidi aplicar a psicologia em mim mesma e mudei meu pensamento para:

"Nossa, ainda não são nem 5 horas da manhã e essa senhora está aqui sabe-se Deus desde que horas".

Passei a ter um pensamento empático para com ela e comecei a analisar tudo nela, tudo no seu exterior, pois eu ainda não havia trocado nem uma palavra com ela. Foi quando seus óculos me chamaram atenção. Eram de acetato, no formato quadrado e com tons de verde e azul (minhas cores preferidas). E atrás daqueles óculos tinham lindos olhos verdes e maquiados.

Pronto! Eu havia encontrado algo para elogiá-la e lá fui eu... Abri um sorriso e disse, sorrindo, com a boca e com os olhos:

"Good morning, Jane" ("Bom dia, Jane")!

Sim, eu havia olhado o nome dela no crachá!

Jane, que ainda estava olhando para baixo, ergueu a cabeça rapidamente e sorriu, surpresa, e respondeu ao meu bom-dia!

Ela fez o atendimento padrão, pegou meu passaporte, minhas malas, e enquanto isso eu disse assim:

"Jane, I'm learning English and I would like to say something to you..." ("Jane, eu estou aprendendo inglês e gostaria de dizer algo para você...").

Ela parou e me olhou meio assustada. Eu continuei:

"I loved your glasses. It's modern, and green and blue are my favorite colors" ("Eu amei seus óculos. São modernos, e verde e azul são as minhas cores favoritas").

Ok, ainda não tem nada de UAU nesse elogio, mas calma, eu estava em um país diferente e precisava ir devagar! No entanto, saiba que esse pequeno comentário já deu resultado. Jane sorriu e disse que aquelas eram as suas cores favoritas também!

Eu sorri de volta e completei:

"Really? And I loved your makeup! It's amazing! Your makeup made your eyes more beautiful! Even what eyes, wow! You're beautiful." ("Sério? E eu amei a sua maquiagem! Você arrasou! Sua maquiagem deixou seus olhos ainda mais bonitos! E que olhos, hein! UAU! Você está linda")!

Ela ficou meio sem jeito, mas continuou sorrindo e disse que eu também era linda e que era eu quem tinha belos olhos (meus olhos são azuis).

Maravilha! Eu havia contribuído para que o dia da Jane fosse melhor! E isso me deixava feliz! Por fora, eu estava sorrindo, mas, por dentro, o meu sorriso dava voltas!

Pronto! Ela já havia feito o meu *check-in*.

Jane me entregou as passagens impressas, me orientou para qual direção eu deveria ir e me disse algo tão rápido que eu, com meu inglês de aprendiz, só entendi "grade ticket". Sorri sem graça, agradeci e desejei que ela tivesse um dia incrível!

Caminhei até o local de embarque e, quando entrei na aeronave, descobri o que Jane havia me falado.

Logo que você entra em um avião, encontra as poltronas da primeira classe e, em seguida, uma cortina que as separa da classe econômica. As primeiras poltronas da classe econômica são mais caras, pois são muito mais espaçosas do que as demais, e por isso é muito mais confortável viajar ali; ainda mais confortável se for comparar com a poltrona em que eu havia me sentado no voo de ida para os Estados Unidos!

Quando eu vi o que Jane havia feito, eu logo pensei:

"Ah, Jane! Você me deu um presentão! Minhas orações foram ouvidas!".

O meu assento era na janela e nessas poltronas superconfortáveis! E o que Jane havia dito era:

"I gave an upgrade on your ticket" ("Eu dei um *upgrade* na sua passagem").

Elogie as pessoas, elogie algo que você verdadeiramente gostou nela. Pode ser o modelo dos óculos, a cor do batom ou do esmalte, pode ser a roupa, o relógio, o sorriso, a voz... Em síntese, elogie!

Eu creio que quem planta o bem colhe o bem! Não há como querer colher moranguinhos se você vem plantando abacaxis na sua vida!

Uma observação, que imagino que eu nem precisaria dizer, mas é bom recordar. Lembre-se da sua postura, lembre-se da sua comunicação não verbal! Elogie de forma leve, sorrindo e de forma genuína, verdadeira!

Eu sei que às vezes, no início, essa técnica pode parecer falsa, pois não é algo que você faria espontaneamente. Mas tudo que é novo vai exigir esforço! Lembre-se de que para progredir precisa haver esforço! Por isso, esforce-se e faça. Elogiar seguindo o método do "Elogio UAU" no começo não será natural, você terá que pensar, mas depois, após muito repetir, isso se tornará quase que automático, e você será uma máquina de reflexos positivos. Além de você fazer muito bem às outras pessoas, isso também fará muito, mas muito bem a você mesmo!

Lembre-se:
1. ao aplicar a técnica "Elogio UAU" você será uma fonte límpida de reflexos positivos para a outra pessoa, e isso elevará a autoestima dela;
2. cuidado com a premissa: "se for corrigir uma pessoa, corrija no particular; se for elogiar, elogie em público", pois nem sempre ela é verdadeira. A primeira coisa para um elogio ser UAU é você conhecer a pessoa e saber como ela prefere ser elogiada;
3. a técnica do "Elogio UAU" acontece em três passos: passo 1) pessoalidade e mentalidade; passo 2) descrição e passo 3) jogar na essência;
4. um elogio UAU e verdadeiro é como um carinho na alma da pessoa que o recebe;
5. mesmo que você não consiga elogiar algo relacionado às forças da pessoa, pode fazer um elogio mais "superficial" e contribuir na autoestima dela;
6. ao elogiar, lembre-se de cuidar da sua comunicação não verbal;

7. no começo não será espontâneo, mas pratique esse método até ficar automático e se tornar uma "máquina" de reflexos positivos.

Quais foram os aprendizados que você teve neste capítulo? Chegou o momento de fixar seu aprendizado. Escreva todos seus aprendizados aqui:

....
....
....
....
....
....
....

Com tudo o que você aprendeu, quais serão as suas ações?

....
....
....
....
....
....
....

Lembre-se de que você pode compartilhar comigo quais foram os seus aprendizados. Eu ficarei imensamente feliz!

CAPÍTULO 14

Como corrigir uma pessoa sem magoar

A vida não é feita só de elogios e pontos fortes, ela também é feita de erros e aprendizados, e a forma como você corrige uma pessoa também pode ser fonte de reflexos positivos. Quem disse que corrigir alguém é algo negativo?

Para facilitar, vou separar a correção em dois níveis. O primeiro é o "nível leve", em que a pessoa está indo bem e se ela melhorar alguns pontos vai ficar ainda melhor; e o segundo é o "nível hard", no qual a pessoa pisou na bola e realmente precisa de uma correção mais séria.

A correção "nível leve", eu considero aquela que funciona como um *feedback* de melhoria. A pessoa está indo bem e tem alguns detalhes que podem, ou até mesmo precisam, ser melhorados.

O MÉTODO DE *FEEDBACK* DE MELHORIA UAU

Passo 1 – Sinalize o que já está bom

Você se lembra do método do "Elogio UAU", no qual eu falei sobre descrever tudo o que já está bom? Pois é, aqui você vai resgatar exatamente isso, começará descrevendo tudo o que já está bom e que deve ser mantido.

Passo 2 – Dizer o que precisa ser melhorado

Aqui é bem simples, você vai descrever o que e como você quer que seja melhorado. Mas o que não te contei é que neste passo você corre um sério risco de dar um tiro na pessoa e outro no seu pé. Esse tiro pode matar a relação, pode acabar com a motivação e com a autoestima. Que tiro é esse? Esse tiro é a utilização da palavra "mas".

Vamos a um exemplo.

Imagina que eu te chamei para uma festa e que você está superfeliz com o meu convite! Então, você começa a pensar na roupa que vai usar e escolhe tudo com muito carinho. Você realmente quer arrasar e capricha!

Eis que chega o dia e marcamos de nos encontrar já no local da festa. Quando eu chego, já te vejo de longe e aceno. Vou ao seu encontro, te dou um superabraço, e você, animadamente, me pergunta, fazendo um gesto mostrando todo seu visual:

"E aí, Gi, o que me diz? Gostou?".

E eu obviamente vou te dizer a verdade, e falo assim:

"Nossa, gostei muito! Você está incrível com essa roupa! Adorei, inclusive o perfume. Sim, ao te abraçar eu senti o perfume! Arrasou! Mas, olhando o todo, acho que o sapato ficaria melhor se fosse da mesma cor da roupa!".

Como você se sentiria se eu falasse exatamente isso para você? Você ficaria superfeliz e animado? Você ficaria meio chateado e pensando: "sempre tem que ter um 'mas' na história?".

As palavras adversativas *mas, contudo, porém, entretanto, todavia* podem acabar com todo o elogio que você fez antes ao descrever o lado positivo.

Tudo o que eu falei antes é imediatamente deletado quando você ouviu a palavra MAS.

A partir do momento que eu disse MAS, você só pensará algo como:

"Droga, ela tem razão, por que eu não coloquei o sapato da mesma cor da roupa?".

"Eu nunca dou uma dentro."

"Tudo o que eu queria agora era trocar de sapato."

E por aí vai...

Escreva agora as palavras *mas, contudo, porém, entretanto* e *todavia*:

....

Escreveu? Agora risque todas elas! Sim, risque! Esse é um exercício superimportante para te ajudar a fixar essa ideia! Risque!

Riscou? Então, agora escreva a palavra "e": ....

Em vez de usar a palavra "mas", você utilizará a palavra "e".

Passo 3 – Elogiar na essência

Você se lembra de que no método do "Elogio UAU" eu ensinei o que é elogiar na essência? Ou seja, elogiar usando o verbo "ser"? Pois é, aqui você vai resgatar exatamente isso, você terminará o *feedback* de melhoria dizendo o que você vê de positivo na pessoa. Você vai resgatar as suas forças e jogar na essência dela.

Vamos voltar ao exemplo.

Eis que chega o dia da festa para a qual eu te convidei! Marcamos de nos encontrar direto no local e, quando eu chego, já te vejo de longe e aceno.

Vou ao seu encontro e te dou um superabraço, e você, animadamente, me pergunta, fazendo um gesto mostrando todo seu visual:

"E aí, Gi, o que me diz? Gostou?".

E eu, obviamente, vou te dizer a verdade, e vou dizê-la com a minha melhor versão, então, falo assim:

"Nossa, gostei muito! Você está incrível com essa roupa! Adorei, inclusive o perfume. Sim, ao te abraçar eu senti o perfume! Arrasou! Meu Deus, que pessoa mais linda, bem-vestida e cheirosa! E, olhando o todo, você ficaria ainda mais maravilhosa com aquele seu sapato da mesma cor da roupa! Você arrasou! Afinal, você não só está linda, você é uma pessoa linda... divertida... animada... e a gente vai se divertir muito esta noite!

Não te convidei à toa! Eu te convidei porque gosto de você e quero celebrar com você este momento!".

Fala a verdade, como você se sentiria se eu falasse exatamente isso para você?

Eu imagino que a nossa noite seria muito mais leve, divertida e incrível se eu te desse o *feedback* de melhoria UAU sem usar a palavra *mas*, não é mesmo?

O método funciona, e olha que te dei um exemplo tranquilo que está ligado à roupa, imagina isso sendo utilizado com quem você mais ama, no seu trabalho, nas suas amizades. Sim, seria UAU, com certeza!

Corrigir as pessoas em pequenos detalhes são fatos que acontecem corriqueiramente na nossa vida, e agora você sabe uma forma muito melhor para fazer isso!

E se o que precisar ser corrigido for algo mais sério, e se, de repente, a pessoa realmente pisou feio na bola, o que e como fazer? Vamos agora ao método de *feedback* corretivo UAU!

O MÉTODO DE *FEEDBACK* CORRETIVO UAU

Passo 1 – Descreva o fato

Para usar este método, partimos do pressuposto de que a pessoa que vai ser corrigida pisou feio, mas feio mesmo, na bola. Então abrimos o *feedback* mostrando para ela qual foi o fato. Aqui não julgamos nada, inclusive em momento nenhum julgamos nada, nós só descrevemos o que a pessoa fez (ou deixou de fazer).

Passo 2 – Descreva o impacto

Aqui você vai descrever o impacto que o comportamento da pessoa teve, e quando eu digo impacto, é impacto em todas as áreas e todas as pessoas envolvidas. Assim, se o comportamento da pessoa impactou negativamente em você, você vai dizer; se impactou negativamente em outras pessoas, você também vai dizer.

Passo 3 – Foque em trazer novas ações

Muitas pessoas cometem o erro de, após dizer onde a pessoa errou e de sinalizar qual foi ou quais foram os impactos negativos do seu erro, perguntar o porquê de ela ter feito isso. Não pergunte o porquê. Se você perguntar, ela te contará uma história, te dará uma ou várias justificativas e, sério, vou deixar essa frase em destaque para que você não esqueça: **"justificativa é a muleta do fracasso"**.

Sim, é claro que a pessoa terá justificativas. É claro que ela tem os motivos dela para ter errado. Afinal, a gente não espera que alguém erre de propósito. Mas perguntar para ela o porquê de ela ter agido daquela forma não vai adiantar em nada. Nada!

O que você precisa fazer é ajudá-la a ver quais serão as novas ações daqui para a frente, então, você pode, por exemplo, perguntar o que ela fará a partir de agora para não cometer o mesmo erro.

Eu sei que há momentos em que temos que parar, analisar os erros e as causas. Em nenhum momento estou dizendo que fazer uma boa análise de erros e suas possíveis causas não é algo bom, ou que não deva ser feito. O que quero é chamar sua atenção para outro jeito de corrigir alguém sem ficar escarafunchando os "porquês" de ela ter errado, mas de ajudar a sair dessa situação com novos e melhores comportamentos, a focar a solução!

Feito isso, vamos para o último ponto; o ponto UAU para mesmo depois de uma correção mais séria como esta, ainda assim darmos reflexos positivos para a pessoa e deixá-la com energia e motivação para se desenvolver, melhorar e viver a sua melhor versão!

Passo 4 – Mostre as forças

Sabe o que você aprendeu na técnica do "Elogio UAU"? Aqui vamos resgatar mais uma vez, e você vai terminar esse *feedback* corretivo resgatando as forças da pessoa e jogando na essência dela, para que ela tenha energia e ânimo para ter novos e melhores comportamentos! Simples assim!

Vamos a dois exemplos, e para estes quero resgatar a Paula, do capítulo "Elogio UAU".

Relembrando o contexto.

Paula é sua colaboradora direta, ou seja, ela é da sua equipe, e você é chefe dela. Você havia delegado para Paula fazer um relatório e pediu que tivesse também uma planilha de Excel. O prazo dado para entrega foi dia 10 e ela te entregou no dia 9.

No entanto, aqui colocaremos duas situações diferentes: na primeira, entraremos com um *feedback* de melhoria, pois a Paula entregou o relatório no dia 9, mas não entregou a planilha que havia sido pedida; já na segunda, ela faz tudo, mas entregou o relatório com um dia de atraso.

O MÉTODO DE *FEEDBACK* DE MELHORIA UAU

Passo 1 – Sinalize o que já está bom

"UAU, Paula! Primeiramente, parabéns por entregar o relatório um dia antes do prazo. O prazo final era só amanhã e você me surpreendeu positivamente me entregando hoje! Arrasou na agilidade!

E, Paula, o seu relatório ficou muito bom, você descreveu todos os dados com minuciosidade e clareza."

Passo 2 – Diga o que precisa ser melhorado

"Para ficar ainda melhor, *sugiro* que você acrescente a planilha do Excel, por favor. Você pode colocar os gráficos e as tabelas utilizando cores! *Porque*, fazendo isso, ficará mais fácil de visualizar os seus resultados e isso vai valorizar ainda mais o seu trabalho!"

Passo 3 – Elogie na essência

"Aproveitando, seu trabalho está muito bom e seus resultados também! Paula, você é muito competente, inteligente e caprichosa! Tenho certeza de que vai arrasar ainda mais!"

Agora, me conta, o que você imagina que a Paula sentiria ao receber esse *feedback* de melhoria? Você acredita que ela iria fazer os ajustes que "pedi" (na verdade o verbo que utilizei foi "sugerir")? E se sim, você acredita que ela faria de qualquer jeito ou dando a melhor versão dela?

_____
_____
_____
_____
_____
_____
_____
_____

Quero aproveitar e chamar sua atenção para as três palavras que sublinhei: *e*, *sugiro* e *porque*.

O "e", você já sabe, entra no lugar do "mas", que você até mesmo já riscou, certo?!

A palavra "sugiro" vem com uma forma polida e gentil de "mandar"!

E, por fim, o "porque". O uso dessa palavra é uma forte, simples e poderosa técnica de persuasão. Inclusive, os pesquisadores da psicologia social descobriram que mesmo quando o "porque" é óbvio demais, ainda assim ele é muito persuasivo! Então, se nós vamos corrigir alguém, queremos que a pessoa realmente faça o que vamos pedir, ou seja, queremos persuadi-la; sendo assim, vamos usar "porque".

O MÉTODO DE *FEEDBACK* CORRETIVO UAU

Passo 1 - Descreva o fato

"Paula, gostaria de conversar com você sobre a entrega do seu relatório. Eu havia pedido que você me entregasse o relatório e também uma planilha de Excel até o dia 10 *e* você me entregou no dia 11."

Obs.: Repare que eu usei a palavra "e" e não a palavra "mas", você já sabe o porquê disso!

Passo 2 - Descreva o impacto

"O fato de você ter atrasado a entrega do relatório em um único dia impactou diretamente na confecção do meu relatório, pois, como você sabe, eu preciso do relatório de todas as pessoas da equipe para fazer um único relatório e entregar para a diretoria. E, com isso, eu tive que fazer o relatório com pressa e sem o tempo suficiente de rever principalmente seus dados."

Obs.: Descrevi o impacto em mim.

"Isso impactou não só no meu relatório, como também no relatório da diretoria da nossa área, que utilizou os dados que passei. Tudo isso gerou um estresse desnecessário, que poderia ter sido evitado se você tivesse cumprido o prazo."

Obs.: Descrevi o impacto sobre outros.

Passo 3 - Foque em trazer novas ações

"Gostaria de saber o que e como você vai fazer para que isso não aconteça na entrega do próximo relatório.

O que você pode fazer? Como você pode se organizar melhor para entregar no prazo ou até mesmo surpreender entregando antes do dia final?"

Obs.: Aqui a Paula falará o que irá fazer, o foco está no futuro e não em justificar o porquê de ela ter atrasado.

Passo 4 – Mostre as forças

"Paula! O seu relatório ficou muito bem-feito, você anexou a planilha que pedi, usou cores – o que facilitou a visualização dos resultados. Você é realmente muito boa, então é apenas um ponto específico a ser melhorado. Como você é muito competente, caprichosa e inteligente, eu tenho certeza de que você vai conseguir!"

Agora imagina o que acha que a Paula sentiria ao receber esse *feedback* corretivo?! Você acredita que ela iria ficar mal ou mais atenta? Você acredita que ela iria realmente buscar melhorar ou que iria fazer tudo de qualquer jeito da próxima vez?

....
....
....
....
....
....

Errar, corrigir, ser corrigido fazem parte da vida! Não se esqueça que, mesmo ao corrigir, podemos ser fonte de reflexos positivos!

Lembre-se:

- ♡ A vida não é feita só de elogios e pontos fortes, também é feita de erros e aprendizados, e a forma como você corrige uma pessoa também pode ser fonte de reflexos positivos.
- ♡ O método de "*Feedback* de Melhoria UAU":
  Passo 1 – sinalize o que já está bom;
  Passo 2 – diga o que precisa ser melhorado;
  Passo 3 – elogie na essência.

♡ O método de "*Feedback* Corretivo UAU":
Passo 1 – descreva o fato;
Passo 2 – descreva o impacto;
Passo 3 – foque em trazer novas ações;
Passo 4 – mostre as forças.

Quais foram os aprendizados que você teve neste capítulo? Chegou o momento de fixar seu aprendizado. Escreva todos seus aprendizados aqui:

....
....
....
....
....
....
....
....

Com tudo o que você aprendeu, quais serão as suas ações?

....
....
....
....
....
....

Lembre-se de que você pode compartilhar comigo quais foram os seus aprendizados. Eu ficarei imensamente feliz!

CAPÍTULO 15

Construir e viver uma vida extraordinária

Tem uma frase do escritor irlandês Oscar Wilde de que gosto muito e que diz assim: "Viver é a coisa mais rara do mundo, a maioria das pessoas apenas existe". E quando eu penso nessa frase e trago a palavra "viver" e "sobreviver", ela não tem nada a ver com dinheiro, mas sim com relacionamentos. Uma pessoa pode ser multimilionária, mas, se suas relações estiverem emocionalmente doentes, ela não será feliz, porém, se ela estiver bem com suas relações, ela estará feliz!

Para construirmos uma vida extraordinária, precisamos pensar na qualidade das nossas relações, e eu sei que já falei de relações tóxicas e sobre ser seletivo, mas o que quero falar aqui é sobre a qualidade das relações das pessoas com quem você escolheu viver. Tem aquelas relações mais próximas, por exemplo, com a sua família e amigos, e tem aquelas mais distantes, como no caso de colegas de trabalho. E tem uma relação em especial que essa não tem jeito de se afastar, essa não tem jeito de se blindar. De qual relação estou falando? Estou falando da relação com a única pessoa que você, por mais que tente, não pode e não poderá evitar jamais, a sua relação com você mesmo.

No capítulo 11, eu falei sobre como ter um ótimo efeito nos seus relacionamentos, pois isso te ajudará a ter uma vida incrível, e ao longo de todo o livro você pode ter muitos aprendizados sobre isso. Mas mais especial ainda é ter um ótimo efeito com você mesmo, e eu sei que você já teve muitos aprendizados e que já colocou vários deles em prática. E agora, para te ajudar a ter realmente uma vida incrível, eu quero te convidar a construir, através da vivência que vou compartilhar a seguir, o que é pra você uma vida incrível, uma vida que vale a pena ser vivida com intensidade.

Para que essa vivência seja muito mais profunda, sugiro que você coloque para tocar a música "Revival – Orchestral Instrumental", interpretada por Fearless Motivation Instrumentals, e coloque-a para repetir automaticamente. Pegue um lápis ou uma caneta e permita-se mergulhar no exercício a seguir.

Antes, uma orientação muito importante. Algumas vezes, quando peço para a pessoa escrever quais são seus objetivos e sonhos, ela começa a se autossabotar pensando coisas tipo: "Nossa, nem vou colocar esse sonho, porque é impossível de alcançá-lo. Ah, isso aqui nem vou escrever, porque não vai acontecer mesmo. Como eu vou fazer pra alcançar isso?". Pensar no "como" não é uma ação estratégia e inteligente quando se pensa em sonhos, objetivos e em o que seria ter uma vida extraordinária.

Funciona assim: quando o seu sonho tiver um "porquê" forte o suficiente, você dará um jeito no "como". Pense em momentos da sua vida que foram muito, mas muito desafiadores de serem vencidos; momentos que, naquela situação, você não sabia *como* superar, você não fazia ideia de *como* vencer. Mas o seu *porquê*, o seu motivo para superar era muito forte. O que aconteceu? O seu cérebro deu um jeito e encontrou a solução.

É assim que funciona o seu sistema, quando o seu *porquê* é forte o suficiente, o seu cérebro vai lá e descobre *como* agir. Por isso, ao fazer o exercício abaixo não se preocupe em como, apenas foque o *porquê*!

Então, vamos lá!

✓ Passo 1 – Pegue a caneta ou o lápis.
✓ Passo 2 – Ligue a música e coloque-a para repetir automaticamente.
✓ Passo 3 – Sente-se de uma forma confortável e poderosa (postura ereta).
✓ Passo 4 – Divirta-se enquanto faz o exercício.

1. Pense e escreva: o que é, pra você, ter uma vida incrível? Lembre-se de que ser incrível não tem nada a ver com ser perfeita. Solte sua mente e responda.

....
....
....
....
....
....
....
....
....
....
....
....
....
....

2. O que é mais importante pra você no mundo?

....
....
....
....
....

3. O que é mais importante pra você na sua vida?

4. Quem você ama?

5. Quem você quer ter por perto? E quando eu digo "perto" eu não estou me referindo somente fisicamente, mas emocionalmente. Quem você quer ter por perto para poder contar nos momentos desafiadores e também nos momentos felizes da sua vida?

6. O que te faz feliz? Pequenas coisas, simples coisas, grandes coisas... tudo? O que te faz feliz? Não economize na lista, se um dia de sol te faz

feliz, escreva; se tomar banho num chuveiro quentinho te faz feliz, escreva; se poder estudar e aprender coisas novas te faz feliz, escreva... Escreva tudo o que te faz feliz:

....
....
....
....
....
....
....
....
....
....
....
....
....

7. Quais foram os momentos incríveis que você já vivenciou e que gostaria de repeti-los? Momentos de conquista, de diversão, de crescimento... Quais foram?

....
....
....
....
....
....
....
....
....
....

8. Você é grato a quê?

9. Como é a sua melhor versão? Como é a sua melhor versão com você mesmo e com as outras pessoas? Como são seus comportamentos, sua forma de falar, de pensar em sua melhor versão?

Agora, antes de ir para a última pergunta, releia tudo o que você escreveu nas respostas anteriores. E, após ler, responda a próxima questão.

10. O que é *de verdade* ter uma vida incrível para você? O que você realmente precisa para afirmar: "Eu tenho uma vida incrível"? Escreva:

Você nasceu para ser feliz e viver uma vida extraordinária, faça isso todos os dias da sua vida! A felicidade não está na chegada, mas sim no caminho. Caminhe de forma mais leve, mais grata e curta cada momento. Afinal, a vida é feita de momentos!

Lembre-se:

♡ "Viver é a coisa mais rara do mundo, a maioria das pessoas apenas existe" (Oscar Wilde);
♡ viver e sobreviver não têm nada a ver com dinheiro, mas sim com relacionamentos;
♡ uma pessoa pode ser multimilionária, mas, se suas relações estiverem emocionalmente doentes, ela não será feliz;
♡ a única pessoa que você não pode e não poderá evitar jamais é você mesmo;
♡ quando seu "porquê" for forte o suficiente, você dará um jeito em "como";
♡ uma vida incrível não tem nada a ver com ter uma vida perfeita!

Quais foram os aprendizados e *insights* que você teve com este capítulo? Escreva todos aqui:

....
....
....
....
....
....
....
....

Com tudo o que você aprendeu, quais serão as suas ações?

....
....
....
....
....
....
....
....

Lembre-se de que você pode compartilhar comigo quais foram os seus aprendizados. Eu ficarei imensamente feliz!

CAPÍTULO 16

Conclusão – O método Minha Melhor Versão

Você é convidado a viver uma vida incrível todos os dias, e, como eu já te disse, acredito do fundo do meu coração, do fundo da minha alma, do fundo do meu ser, que você nasceu pra isso, pra viver uma vida maravilhosa.

Por isso, não se contente com uma vida normal, com uma vida mediana. Mediana é um sinônimo bonito para a palavra medíocre. E você não nasceu pra viver uma vida medíocre, não mesmo.

Eu sei que se você está aqui comigo é porque a sua vida foi cheia de batalhas, em algumas você perdeu, em outras você ganhou. Mas mesmo nas que você ganhou, você saiu ferido.

Olha o que eu vou te dizer... escute bem... sinta o que vou te falar:

A vida não é uma batalha, a vida não é uma guerra! Em uma guerra sempre tem quem ganha e quem perde, ou até pode ser que a guerra termine sem um ganhador. Mas SEMPRE terão os feridos, as cicatrizes, e não precisa ser assim!

A vida é uma jornada, e se essa jornada vai ser incrível ou medíocre, só vai depender de você!

Viver uma vida extraordinária é fruto da sua decisão diária de viver a sua melhor versão com você mesmo, com quem você ama, com quem você convive, com quem você encontra.

A vida é uma eterna plantação, e colhemos os seus frutos de tempos em tempos. Pense no que você quer colher, escolha a semente e plante todos os dias!

Viver uma vida incrível é sobre decidir viver a sua melhor versão, é sobre fazer pequenas e preciosas escolhas, é viver em melhoria contínua.

Hoje melhor do que ontem. Hoje melhor do que ontem. Hoje melhor do que ontem, sempre!

Questione-se todos os dias:

"Que tipo de dia eu quero viver?"

"Que tipo de história eu decido escrever, hoje?"

E vai lá e viva! Vai lá e faça acontecer!

Se você chegou até aqui, eu já te conheço o suficiente para dizer algumas coisas sobre você. Se você leu cada página deste livro, eu sei que você está aberto e sedento, eu sei que você é:

- ♡ Afetuoso
- ♡ Alegre
- ♡ Amigo
- ♡ Amoroso
- ♡ Animado
- ♡ Apaixonado
- ♡ Assertivo
- ♡ Atencioso
- ♡ Atento
- ♡ Audacioso
- ♡ Autêntico
- ♡ Autoconfiante
- ♡ Averiguador
- ♡ Batalhador
- ♡ Concentrado
- ♡ Confiante
- ♡ Confiável
- ♡ Consistente
- ♡ Cooperativo
- ♡ Corajoso
- ♡ Correto
- ♡ Criativo
- ♡ Cuidadoso
- ♡ Curioso
- ♡ Decidido
- ♡ Dedicado
- ♡ Divertido
- ♡ Educado
- ♡ Esperto
- ♡ Estudioso
- ♡ Ético
- ♡ Exigente
- ♡ Inteligente
- ♡ Legal
- ♡ Motivado
- ♡ Motivador
- ♡ Observador
- ♡ Organizado
- ♡ Prestativo

- ♡ Romântico
- ♡ Sério
- ♡ Versátil
- ♡ Sábio
- ♡ Simpático
- ♡ Saudável
- ♡ Sociável

E se você não escreveu essas forças no seu exercício de "Forças UAU – Elevando a autoestima", volte lá, pegue sua folha e complemente. Complemente! Pois você é tudo isso! Inclusive, complemente com a força: modesto e humilde!

Estou falando sério, vai lá e complemente!

Obs.: Uma das minhas forças é ser líder! Eu sei, eu sei, há quem chame isso de ser mandona! Mas estou fazendo isso por amor a você!

Terminei todos os capítulos com um "lembre-se". Vou fazer o mesmo aqui, e saiba que, apesar de ser o mais curto de todos, ele também é muito importante!

Lembre-se:

- ♡ que eu te aprecio e que escrevi este livro por amor a você;
- ♡ você nasceu para ser feliz e para viver uma vida incrível, então não aceite nada menos que isso;
- ♡ uma vida incrível não tem nada a ver com uma vida perfeita;
- ♡ viva todos os dias a sua melhor versão;
- ♡ e conte comigo!

Quais foram os dez principais aprendizados que você teve com este livro e que levará para a sua vida?

....

....

....
....
....
....
....
....
....
....
....
....
....
....
....
....
....
....
....
....

Com esses dez principais aprendizados, quais serão as suas ações?

....
....
....
....
....
....
....

Por último, por que foi importante ler este livro? O que este livro agregou de valor na sua vida?

....
....
....
....
....
....

Lembre-se de que você pode compartilhar comigo quais foram os seus aprendizados. Eu ficarei imensamente feliz!

Agradecimentos

Este livro só foi possível graças a todas as pessoas que assistiram aos meus vídeos no canal do YouTube ao longo desses anos. Obrigada por me ajudarem a levar a Psicologia Aplicada à vida de milhões de pessoas.

Agradeço aos meus pais, que fizeram de tudo para que eu pudesse estudar e me formar em Psicologia. Agradeço ao meu esposo, Junior Souza, e aos meus amados e lindos filhos, Gabriel e Mariana, que apoiam as minhas ideias e sempre ajudam de forma direta ou indireta nos projetos que invento!

Agradeço também a todos os meus alunos e a todos os meus clientes, empresas e pessoas físicas que confiam em mim e no meu trabalho!

Quero dizer muito obrigada às pessoas que passaram pela minha vida e que me apoiaram e incentivaram: amigos, familiares, professores, autores de outros livros, enfim! E também àquelas pessoas que passaram pela minha vida e que me disseram palavras que, de alguma forma, me deixaram pra baixo, que foram reflexos negativos na minha vida, mas que não afetaram a minha essência. A todos vocês, muito obrigada!

E, em especial, agradeço à Editora Planeta, que me convidou para escrever este livro, e a toda equipe que ajudou com este sonho que estava no meu coração e na minha mente e que agora está nas suas mãos!

E, por último (mas definitivamente não menos importante), eu agradeço a você, leitor, que está comigo aqui e agora. Se não fosse você, nada disso faria sentido!

Gratidão!

Gislene Izquierdo

Saiba mais sobre a autora

Gislene Regina Isquierdo
Psicóloga – CRP 08/09186

Psicologia – UEL
Especialista em Neurociências – UEL
MBA em Liderança e Coaching – FAPES
Especialista em Psicologia Clínica e Análise do Comportamento – UEL
Especialista em Recursos Humanos e Gestão por competências – UNIFIL

UAU Desenvolvimento Humano
Av. Ayrton Senna da Silva, 200 – sala 1407
Bairro Gleba Palhano, Londrina – PR / Brasil
CEP 86050-460

**Acreditamos
nos livros**

Este livro foi composto em New Baskerville
e impresso pela Gráfica Santa Marta para a
Editora Planeta do Brasil em agosto de 2020.